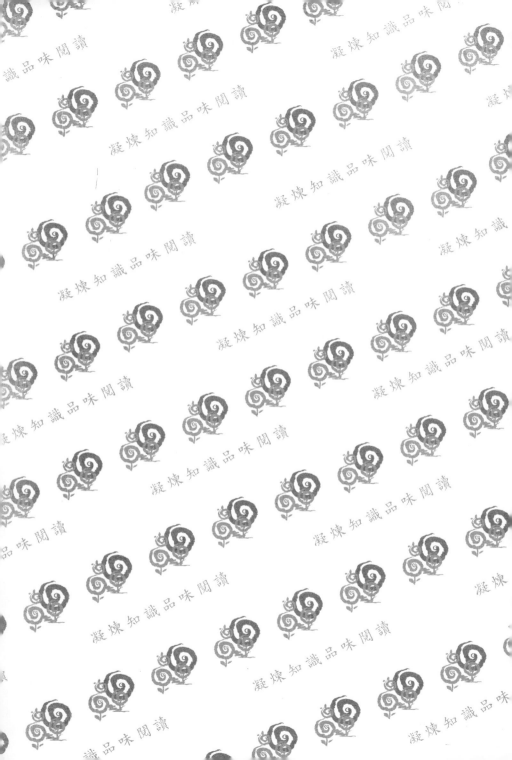

China's New Grand Strategy:
Comparative Views of
Japan, Korea and Taiwan

中國新戰略
台日韓三方比較新視野

韓碩熙、蔡東杰、青山瑠妙 主編

王元綱、鄭顯旭、 劉泰廷、盧信吉
唐欣偉、表娜俐、 魏百谷、瀨田真
崔進揆、金東燦、 飯嶋佑美 合著

五南圖書出版公司 印行

主編序

　　自新世紀初以來，不僅所謂「中國崛起」（China rising）持續引發愈來愈多學術關注，事實上，自美國在2012年啓動亞太「再平衡」（Re-balancing）戰略乃至2018年爆發貿易戰，不僅美中競爭態勢愈發明顯，在華府透過其霸權話語權全力主導下，是否存在「中國威脅」（China threat）也引發周邊地區乃至全球性議論，儘管目前依舊爭辯不休，美國之深化圍堵與北京嘗試突圍，已然牽動著諸多同盟與反同盟發展，致使下一階段國際關係充滿不確定變數。其中，中國之外交動向與宏觀戰略布局非但動見觀瞻，如何「正確」加以解讀也成爲各國政府、公私智庫、學術圈與主流媒體之思索交流焦點。

　　基於長期交流累積之互信基礎，並爲積極客觀共同探究現階段乃至未來之中國外交戰略走向，台灣中興大學當代中國研究中心、韓國延世大學中國研究院與日本早稻田大學現代中國研究所自2020年起，決定針對此一議題推動三方長期共同研究平台，根據共同分工與腦力激盪交換意見，除了在2021年11月集結第一年研究成果，由五南圖書出版《中國新外交：台日韓三方比較視野》，接著在2023年1月繼續付梓《中國周邊外交：台日韓三方比較新視野》，二書均受到學界同仁普遍正面肯定。以此爲基礎，本書嘗試聚焦北京潛在之大戰略布局與屆滿十周年之帶路倡議，再度集結編纂合作夥伴之研究見解。

　　在推動三方共同研究與彙整編纂本書期間，個人衷心感謝來自日本、韓國與台灣之中國外交研究者的眞誠友誼與長期投入參與，面對

處於轉型過程之全球與區域結構內涵，尤其國際競爭日益激烈致使相關討論愈發意識形態化，非常高興各方專家能夠藉由此一平台致力分享客觀之學術成果。當然，作為台灣最重要的學術出版集團，五南圖書劉靜芬副總編及其同仁對本書之費心處理，更為此一跨國共同研究成果有機會與各位分享，扮演了最關鍵的推手角色，在此謹代表所有研究者給予最誠摯的謝意。

無論如何，本書作為此一共同學術平台的第三部集體創作成果，希望在拋磚引玉之餘，未來能邀請更多研究者集思廣益，一起為中國外交研究乃至後續國際關係發展提供更加全面且客觀之視野。

延世大學中國研究院　韓碩照

中興大學當代中國研究中心　蔡東杰

早稻田大學現代中國研究所　青山瑠妙

謹識

2024年9月

目　錄

PART 1

中國之世界觀與戰略布局

|第一章|
中國戰略中的現實主義

王元綱*

* 美國芝加哥大學政治學博士。現任美國西密西根大學政治系教授。曾任政
治大學外交系助理教授、哈佛大學貝爾佛科學與國際事務研究中心研究
員、布魯金斯研究所訪問學者。研究領域為國際關係、東亞安全與美中關
係等。著有 *Harmony and War: Confucian Culture and Chinese Power Politics*
一書。

壹、緒論

　　中國的崛起改變了國際關係，結束了美國主導的單極體系。隨著國際結構的改變，強權政治（great power politics）重新抬頭，世界進入多事之秋。2022年爆發的俄烏戰爭印證了戰爭依然是國家解決國際政治問題的手段，大國之間的安全競爭依然是國際關係重要的一環。中國從1978年改革開放以來，成功地將落後貧窮的國家提升到世界第二大經濟體，國力大增，足跡遍布全球。相較於冷戰時期的蘇聯，中國擁有更大的經濟實力與更多的人口，是美國歷史上從未有過的同儕競爭者。中國是如何達到今日的局面？本文從大戰略的角度分析。

　　關於大戰略（grand strategy）的定義，眾說紛紜。珀森（Barry Posen）認為，大戰略是國家如何獲取安全的最佳「理論」，它應將國家安全的目標與手段連結，解釋一國如何透過政治、經濟和軍事手段來獲致安全的目標。[1] 巴茲（Richard Betts）認為大戰略是國家以最少成本，透過軍事、經濟和外交手段，來追求安全利益的一項長期「實踐計畫」（a practical plan）。[2] 阿特（Robert Art）認為大戰略告訴一國領導者該追求什麼目標，以及該如何最佳地使用該國的軍事力

---

[1] Barry Posen, *The Sources of Military Doctrine: France, Britain, and Germany between the World Wars* (Ithaca, NY: Cornell University Press, 1984), p. 13; Stephen M. Walt, *The Origins of Alliances* (Ithaca, NY: Cornell University Press, 1987), p. 2.

[2] Richard K. Betts, "The Grandiosity of Grand Strategy," *The Washington Quarterly*, Vol. 42, No. 4 (2020), pp. 7-22.

量來達到國家目標。[3] 布蘭德斯（Hal Brands）定義大戰略爲「給外交政策提供型態和結構的知識建築」，是指引領導者在複雜危險的國際環境下如何獲致安全的理論或邏輯。[4]

　　綜合上述，本文定義大戰略爲一國在考慮既有資源和國際環境限制的條件下，如何獲致安全的最佳行動計畫。這個定義指出，大戰略必須要考慮兩大要素：一、國家資源；二、國際環境。一國的資源有限，領導者必須思考如何最佳地運用有限的資源來達到戰略目標。同時，外在的國際環境也會限制領導者的政策選項，影響各種方案的可行性。決策者必須考慮這兩個條件的限制，對國家如何獲致安全提出一套最佳的行動方案。大戰略是個研究概念，不見得會明確寫入國家文件中，但研究者可藉由此概念來分析一國的安全政策。

　　一般而言，分析一國的大戰略有三個步驟：一、國家的戰略目標爲何？二、對這些國家利益的威脅何在？三、國家的戰略手段爲何？亦即，國家該如何運用既有政治、經濟和軍事資源來保護這些利益？[5] 本文以這三個步驟作爲中國大戰略的分析架構，主要論點爲中

---

[3] Robert J. Art, *A Grand Strategy for America* (Ithaca, NY: Cornell University Press, 2003), p. 1.

[4] Hal Brands, *What Good Is Grand Strategy? Power and Purpose in American Statecraft from Harry S. Truman to George W. Bush* (Ithaca, NY: Cornell University Press, 2014), p. 3.

[5] Christopher Layne, "From Preponderance to Offshore Balancing: America's Future Grand Strategy," *International Security*, Vol. 22, No. 1 (1997), pp. 86-124; Barry Posen, *The Sources of Military Doctrine: France, Britain, and Germany between the World Wars*, p. 13; Barry R. Posen and Andrew L. Ross, "Competing Visions for U.S. Grand Strategy," *International Security*, Vol. 21, No. 3 (1996/1997), pp. 5-53.

國的大戰略整體上符合現實主義的思路，以追求區域霸權（regional hegemon）為戰略目標，視美國為最大安全威脅，前期採取「韜光養晦」的戰略手段，目前已轉向「有所作為」的大戰略，現今美中關係已進入「新冷戰」時期。

貳、現實主義與中國歷史

現實主義認為，在國際無政府的狀態下，由於各國都有一定的攻擊能力，又無法確定他國的意圖，國家要生存的最好方法就是追求權力。權力猶如國際政治通行的貨幣，國家有權力就好辦事，不僅可以促進國家安全，也可協助達成外交目的。國家愈強大，就愈安全。因此，現實主義認為國家會相互爭奪權力，國際政治就是權力政治。在無政府狀態下，國家會關注彼此之間權力分配的情形，努力使自己相對權力極大化，成為區域霸權，主導國際事務。在權力競逐的過程中，衝突就可能爆發，武力是國際爭端的最終仲裁者。因此，現實主義認為，成為區域霸權是保障國家生存的最佳方式。[6]

權力（power）是現實主義的核心概念。何謂權力？一般而言，權力有兩種定義：一、權力就是能力；二、權力就是影響力。第一種

---

[6] John J. Mearsheimer, *The Tragedy of Great Power Politics* (New York: W. W. Norton, 2001). 現實主義分為攻勢現實主義（offensive realism）和守勢現實主義（defensive realism），本文所指的現實主義是攻勢現實主義。關於守勢現實主義，參見王元綱，〈樂觀的現實主義：國際關係守勢現實主義之評析〉，《國際關係學報》，第 18 期（2003 年），頁 41-58。

定義認爲權力應該界定爲一國所具有的物質資產，包括軍隊數量、經濟財富、科技技術和其他有形的資源；第二種定義視權力爲一國影響或控制他國行爲的程度，權力就是可使別人做他原本不想做的事。[7]然而，第二種定義有個嚴重缺陷，就是無法事先評估權力平衡的大小，我們只能事後依結果評估，而且視權力爲影響力有時會導致荒謬的結論，例如由於美國無法影響越戰的結果，因此美國沒有權力。所以大部分的現實主義者採取第一種定義，亦即權力即是能力。[8]權力如何轉換成影響力則是另外一個層次的問題。

現實主義（realism）一詞雖源自西方，但中國古代即有呼應現實主義的思維與行爲。在思維部分，現實主義關於國家應追求權力的主張，與法家富國強兵的思想互通。《商君書》說：「治國者，其摶力也，以富國強兵也。」[9]法家主張治國務力，認爲耕戰爲國力的根本，國強則國安。當代的現實主義者也都同意《韓非子》關於「力多則人朝，力寡則朝於人，故明君務力」的說法。[10]法家認爲國家的興亡，取決於國力的競賽和戰爭的勝敗：「民尊地廣以至於王者，何故？戰勝者也。名卑地削以至於亡者，何故？戰罷者也。不勝而王，不敗而

---

[7] Robert A. Dahl, "The Concept of Power," *Behavioral Science*, Vol. 2, No. 3 (1957), pp. 201-215.

[8] Kenneth N. Waltz, *Theory of International Politics* (Reading, M.A.: Addison-Wesley, 1978), pp. 191-192; Robert Gilpin, *War and Change in World Politics* (New York: Cambridge University Press, 1981), p. 13; John J. Mearsheimer, *The Tragedy of Great Power Politics*, pp. 57-60.

[9] 《商君書》壹言篇。

[10] 《韓非子》顯學篇。

亡者，自古及今，未嘗有也。」[11] 因此，法家強調培養軍事實力，教導人民善戰，有了強大的軍事力量就能「制天下」，成爲霸主：「能使民樂戰者，王。」[12] 這些古代主張都與當今的現實主義呼應。

除了法家之外，中國古代的兵書亦蘊含現實主義的思想，例如包括《孫子兵法》在內的《武經七書》就對武力的效用格外重視，認爲衝突是不可避免的，國家應培養實力，應付外在威脅的最佳方式就是使用武力，國強對外則採取攻勢，國弱則採守勢或和親。[13]

現實主義除了與法家思維類似外，中國古代對外的戰略行爲亦符合現實主義的預期。例如在宋明兩代，中國的決策者都重視對權力的追求，國力強盛後便使用武力來解決外在威脅，對外的戰爭目標包括占領領土和殲滅敵人，而且抵禦外在威脅所採取的大戰略，會隨國力大小而變，國家強大時對外採取攻勢的大戰略，國力下降時則改採守勢的大戰略，國力衰弱時則採取與外敵和解的大戰略。[14]

所以，現實主義的本質是跨時代和跨文化的，而不是近代的產物，也不是只局限於西方的歷史經驗。不同的文化或許會有不同的詞彙和標籤來形容現實主義的思想，但其核心主張和精髓則是中西互通的。在中國歷史上的法家與儒家的爭辯，就如同西方現實主義與理想

---

[11] 《商君書》畫策篇。

[12] 《商君書》畫策篇。

[13] Alastair Iain Johnston, *Cultural Realism: Strategic Culture and Grand Strategy in Chinese History* (Princeton, N.J.: Princeton University Press, 1995).

[14] Yuan-Kang Wang, *Harmony and War: Confucian Culture and Chinese Power Politics* (New York: Columbia University Press, 2011).

主義的爭辯一樣，有許多類似的地方。

參、中國的戰略目標

　　簡言之，中國的戰略目標就是成為東亞的區域霸權。這裡的「霸權」是指國力遠遠超過其他國家，主導體系事務的唯一強權。由於受限於地理因素，全球霸權難以建立，因而區域霸權是較為可行的目標。[15] 在國際關係中，權力是國家生存的最佳保障，國強則國安，國弱則人欺。中國官方常用「百年屈辱」來形容近代史，鴉片戰爭後中國被迫接受一系列的不平等條約，包括割地賠款、劃分租界、治外法權等喪權辱國的舉措。於是，「勿忘國恥」遂成為當今愛國教育的重要一環，也是中國民族主義的根基。官方所倡導的「中華民族偉大復興」其本質就是追求建立一個強盛的中國，中國軍方也把「中國夢」公開等同於「強軍夢」。雖然中國官方宣稱絕不稱霸，然而區域霸權的形成，取決於國力，而非政府主觀認知。當中國國力強大到遠超過其他區域國家時，自然就成為定義中的區域霸權。

　　現實主義認為，成為區域霸權是國家保障安全的最好方式，而美國歷史則驗證了現實主義的說法。美國自獨立以來，領導者就一直試圖在西半球建立一個區域霸權，其領土不斷向西擴張到太平洋岸，同時對外宣布「門羅主義」（Monroe Doctrine），反對區域外的國家干涉美洲事務。美國成為區域霸權之後，便防止歐洲或亞洲出現另

---

[15] John J. Mearsheimer, *The Tragedy of Great Power Politics*, pp. 40-41.

外一個區域霸權來挑戰美國。當國際體系出現一個「同儕競爭者」（peer competitor）時，美國即採取措施加以遏制圍堵，避免國力被超越。例如 20 世紀曾出現 4 個同儕競爭者，美國將其一一擊敗：德意志帝國（1900-1918）、日本帝國（1931-1945）、納粹德國（1933-1945），以及蘇聯（1945-1989）。[16] 美國官方也一再重申，美國的戰略目標就是避免其他國家超越美國。例如 2002 年的《國家安全戰略》（National Security Strategy）明白表明：「我國軍力將強大到足以勸阻潛在對手試圖超越或等同美國權力的軍事建設。」[17] 美國國防部於 2006 年《四年國防報告》中表示將「勸阻任何軍事競爭者發展可以建立區域霸權的破壞性或其他能力」。[18]

雖然區域霸權的概念是現代才有，但在東亞歷史並不陌生。古代以中國為中心的朝貢體系及其天下秩序，就是區域霸權的體現。作為區域霸權，中國藉由強大國力建立朝貢體系，定下「遊戲規則」，規定其他國家或政體（polities）與中國的關係，朝貢國必須奉正朔、接受冊封、定期朝貢等。朝貢體系所建立出來的天下秩序有助於中國管理對外關係，為霸權提供合法正當性，減少從屬政體的抵抗，增加安全，延長統治基礎。中國歷代王朝對統一的追求，目標就是建立一個

---

[16] Ibid., pp. 40-41.

[17] George W. Bush, *The National Security Strategy of the United States of America (2002)* (Washington, D.C.: The White House, 2002).

[18] Donald Rumsfeld, *Quadrennial Defense Review Report* (Washington, D.C.: The Department of Defense, 2006).

區域霸權以達到安全的目的。天下秩序的建立與中國國力是息息相關的，當中國強大時，天下秩序便可以維繫；當中國衰弱時，天下秩序便瓦解。[19] 國力較弱的南宋就曾經向強大的金朝稱臣納貢。

　　成為區域霸權的同時，中國也會試圖建立亞洲版的門羅主義，把美國在東亞的軍力部署逐漸向外推出。區域霸權反對區域外的軍隊駐紮在自家門口，插手區域事務，就像美國的門羅主義一樣。中國領導人曾主張「亞洲的事務應由亞洲人自己管」，而解放軍將領也公開表示反對美軍在中國家門口「耀武揚威」。毛澤東早在 1950 年就表示：「亞洲的事務應由亞洲人民自己來管，而不應由美國來管。」[20] 周恩來也曾說：「亞洲人民自己的事情，應當由亞洲人民自己來處理。」[21] 但當時中國國力不強，心有餘而力不足。60 多年後中國國力大增，習近平在 2014 年重申中國版的門羅主義：「亞洲的事情，歸根結柢要靠亞洲人民辦。亞洲的問題，歸根結柢要靠亞洲人民來處理。亞洲的安全，歸根結柢要靠亞洲人民來維護。」[22] 由此可見北京不希望美國介入亞洲事務的戰略意圖是明顯不過的，而擁有強大國力則是實現該戰略意圖的必要條件。

---

[19] Yuan-Kang Wang, *Harmony and War: Confucian Culture and Chinese Power Politics*, Ch. 6.

[20] 《建國以來毛澤東文稿》，第一冊（北京：中央文獻出版社，1992 年），頁 423。

[21] 《周恩來外交文選》（北京：中央文獻出版社，1990 年），頁 8-10。

[22] 〈習近平在亞信峰會作主旨發言〉，《人民網》，2014 年 5 月 21 日，http://world.people.com.cn/n/2014/0521/c1002-25046183.html。

肆、中國的安全威脅

冷戰結束後，中國面臨美國主導的單極國際體系，視美國爲最大的安全威脅。中國要實現大戰略目標，必須在美國主導的國際環境限制下進行。作爲單極的超強美國，其國力遠超過任何其他國家，是近代史罕見的現象。美國在東亞的戰略目標是維繫區域權力平衡，防止區域霸權的出現，避免任何東亞國家主宰當地事務。這項戰略目標在美國國內是有高度共識的，不論是政府、國會、學界和民間，都一致認要維繫美國的主導權。白宮每 4 年一度的《國家安全戰略》報告都一再指出，美國尋求維繫東亞的權力平衡，不讓任何其他國家取得主導權。例如 2017 年《國家安全戰略》表示將致力於「提倡對美國有利的權力平衡」，其本質就是要避免另一區域霸權的崛起。奈伊（Joseph Nye）認爲，「嚇阻霸權勢力興起」是美國在東亞駐軍的主要原因。[23] 季辛吉（Henry Kissinger）也說：「抵擋任何力量試圖主宰亞洲是符合美國國家利益的。」[24] 中國國力的逐漸強大將使區域的權力平衡難以維繫，挑戰美國的霸權地位。美國國防部 2018 年的《國防戰略報告》述說：「隨著中國持續經濟與軍事崛起，藉由傾全國之力的長期戰略來聲張權力，它將繼續追求軍事現代化，以便在近期之內尋求印太的區域霸權，並在未來取代美國全球的卓越地位。」美國

---

[23] Joseph S. Nye, "The Case for Deep Engagement," *Foreign Affairs*, Vol. 74, No. 4 (1995), pp. 90-102.

[24] Henry Kissinger, *Does America Need a Foreign Policy? Toward a Diplomacy for the 21st Century* (New York: Simon & Schuster, 2001), p. 135.

視中國爲潛在競爭者，勢必採取反制措施，以保全美國的霸主地位。

　　北京認爲美國自冷戰以來，推行獨霸的政策，試圖維護以其爲首的國際秩序，並視中國爲主要對手，設法限制中國的崛起。觀察家認爲美國對中國採取兩手策略，表面上似乎對中國採取接觸交往（engagement）的政策，但實質上則是對中國不斷設限，嚴格控制技術轉移，陳兵東亞，遏制中國的崛起。[25] 王緝思於 2004 年表示：「從總體上看，美國構成對中國最大的外部安全威脅。」[26] 沈大偉（David Shambaugh）也觀察：「無疑地，中國領導者和戰略家視美國爲世界和平與中國自身國家安全和外交目標的最大威脅。」[27] 麥艾文（Evan Medeiros）表示：「許多中國決策者和分析家深信美國對中國民族復興和區域企圖帶來最顯著的長期外在威脅。」[28] 習近平於 2023 年更明確點名美國的安全威脅：「以美國爲首的西方國家對我實施了全方位的遏制、圍堵、打壓，給我國發展帶來前所未有的嚴峻挑戰。」[29]

25　楚樹龍，〈美對華戰略及中美關係走向〉，《和平與發展》，第 2 期（2001年），頁 39-41。

26　王緝思，〈冷靜、冷靜、再冷靜：對當前美國與中國關係的幾點觀察〉，《國際經濟評論》，第 9-10 期（2004 年），頁 7。王緝思註明「安全威脅和敵人不能畫等號」。

27　David Shambaugh, *Modernizing China's Military: Progress, Problems, and Prospects* (Berkeley, C.A.: University of California Press, 2002), p. 289.

28　Evan S. Medeiros, "Strategic Hedging and the Future of Asia-Pacific Stability," *The Washington Quarterly*, Vol. 19, No. 1 (2005-2006), pp. 145-167.

29　Keith Bradsher，〈習近平罕見公開批評美國對華採取遏制措施〉，《紐約時報中文版》，2023 年 3 月 8 日，https://cn.nytimes.com/china/20230308/china-us-xi-jinping/zh-hant/。

美中兩國在東亞的戰略目標存在結構性矛盾。中國崛起將挑戰美國霸權，美國為了維繫世界主導地位，勢必採取反制措施。因此，未來美中在國際上的安全競爭將日趨白熱化。美中兩國之間存在一個安全困境，任何一方所採取的安全舉措，將被對方視為威脅，進而採取反制措施。中國雖然不斷聲稱其國防建軍純粹是防禦性的，但美國認為強大的解放軍會對區域安全造成威脅。同樣地，美國聲稱在東亞的駐軍和海上巡航是為了維持區域穩定、保障安全，但北京則認為美國別有居心，實際上是想圍堵中國，遏制中國崛起。在這樣的安全困境下，兩國難有戰略互信。

安全困境產生的根本原因是國家意圖不確定（uncertainty about intentions）。一國的戰略意圖他國難以得知全貌，而且即使有辦法得知對手目前的戰略意圖，也難保未來不會改變。所以與其依賴別國的善意，不如增強自身國防力量，才是自保的最佳手段。[30] 安全困境會產生兩個後果：一、國家彼此難以建立戰略互信，一國所採取的安全措施，將被另一國解讀為威脅；二、為了不受制於他國，國家彼此將努力增強國防力量，於是產生軍備競賽。

伍、中國的大戰略

在追求區域霸權的戰略目標指引下，同時受限於中國的有限資

---

30 Sebastian Rosato, "The Inscrutable Intentions of Great Powers," *International Security*, Vol. 39, No. 3 (2014/2015), pp. 48-88.

源與美國主導的國際體系，中國該採取何種戰略手段來達成戰略目標？現實主義認為國家為了制衡對手可以採取兩種手段：內部制衡（internal balancing）和外部制衡（external balancing）。[31] 內部制衡指動員國內經濟和軍事資源來建立自身武裝，而外部制衡指對外尋求結盟來共同對抗競爭對手。在單極的國際體系，任何國家若想直接挑戰美國，將自討苦吃。與外國結盟的外部制衡，會遭遇到莫大的集體行動困難，招致單極國的敵對，難以實施。[32] 於是，內部制衡遂成為中國對抗美國的主要手段。內部制衡基本上就是富國強兵，極力發展國內經濟，增長 GDP，在富裕經濟基礎的支持下進行軍事現代化，建立強大的武裝實力。相較於求助他國的外部制衡，內部制衡是靠自己培養實力，是一種更為可靠的「自助」（self-help）。[33] 冷戰後中國的大戰略大約可分為 1990 年至 2010 年的「韜光養晦」時期，和 2010年迄今的「有所作為」時期。[34] 而影響中國戰略選擇的主要變項是現實主義強調的兩國國力對比，亦即與美國相對權力（relative power）的大小。

[31] Kenneth N. Waltz, *Theory of International Politics*, p. 118.

[32] William C. Wohlforth, "The Stability of a Unipolar World," *International Security*, Vol. 24, No. 1 (1999), pp. 5-41.

[33] Joseph M. Parent and Sebastian Rosato, "Balancing in Neorealism," *International Security*, Vol. 40, No. 2 (2015), pp. 51-86.

[34] 這兩個時期與青山瑠妙的「富國外交」和「強國外交」呼應。青山瑠妙，〈中國對外政策結構之轉變：從「富國外交」到「強國外交」〉，青山瑠妙、韓碩熙、蔡東杰主編，《中國新外交：台日韓三方比較視野》（台北：五南圖書，2021 年），頁 21-39。

一、韜光養晦時期

冷戰結束後，美國國力遠遠超過其他各國，國際體系從兩極變成以美國為主導的單極體系。由於蘇聯的瓦解，中國頓失冷戰時期三角關係的戰略優勢，1989 年的天安門血腥鎮壓，更使中國在國際上被孤立。美軍在 1991 年波灣戰爭的決定性勝利，印證了美國國力的超強，也使中國體認到自身國力與美國的差距龐大。在單極體系下，一國對外結盟所聚集的力量是不夠來制衡超強的單極國，而且會招致單極國「聚焦的敵意」（focused enmity），將不利於本國的戰略環境。[35] 因此，增強自身實力的內部制衡遂成為中國對抗美國的主要戰略手段，在單極體系的限制下，中國應努力發展國力，在羽翼豐滿之前，其應極力避免與美國正面衝突。鄧小平提出的韜光養晦外交方針，反映出當時的中國國力與國際現實。

於是「和平發展」遂成為中國韜光養晦時期所採取的大戰略。在對外關係部分，中國尋求營造和平穩定的國際環境，積極參與國際組織及區域組織的活動，努力降低各國對中國崛起的擔憂，開展睦鄰外交，避免美國圍堵，以負責任的大國自居。在對內部分，則專注於國內的經濟發展和國防現代化，發展不對稱實力，努力縮短與美國的國力差距。[36] 這項大戰略是符合現實主義的預期的，發展自身國力是抵制美國外在壓力的最佳方式。正如鄧小平於 1990 年所說：「中國

---

[35] William C. Wohlforth, "The Stability of a Unipolar World," p. 7.

[36] Avery Goldstein, *Rising to the Challenge: China's Grand Strategy and International Security* (Stanford, C.A.: Stanford University Press, 2005).

能不能頂著霸權主義、強權政治的壓力，堅持我們的社會主義制度，關鍵就看能不能爭得較快的增長速度，實現我們的發展戰略。」[37] 致力發展經濟是決定中國能否頂住美國壓力的關鍵，有了厚實的經濟基礎，才有可能發展強大的國力。2001 年的九一一恐怖攻擊事件後，美國忙於反恐，解除了大部分對中國的戰略壓力。2002 年的中共十六大報告明確指出這是中國一個難得的「戰略機遇期」，必須好好利用。在 2003 年的博鰲論壇上，中國首次提出「和平崛起」的概念，但由於內部對「崛起」一詞有不同的看法，後來修正爲「和平發展」。

　　發展經濟的同時，中國也進行軍事現代化，建立一支強大的武力。然而，在沒有雄厚經濟基礎支持下過度發展軍事，有可能步向蘇聯瓦解的後塵，所以中國必須在發展經濟與軍事實力之間取得平衡。此外，過度發展軍力也會引起周邊國家的警惕，甚至導致反制中國的措施。此時期中國的建軍目標主要是增強反制他國干預周邊事務的能力（local access denial），例如 2004 年的戰略方針爲「打贏信息化條件下的局部戰爭」，強調跨越式發展，利用資訊化的科技使軍力倍增。

　　在對外關係的部分，中國極力營造和平的國際環境，加入各式各樣的多邊國際組織，與多國建立戰略夥伴關係，並建立符合中國利益

---

[37] 〈國際形勢和經濟問題〉，《鄧小平文選》，第三卷（北京：人民出版社，1993 年），頁 356。

的國際機構，如 2001 年建立上海合作組織。中國體認到參與這些多邊的國際組織，可以展現中國的合作誠意，減輕他國對中國的疑慮，同時可以反制美國的影響力，加速單極時代的終結。[38] 在東南亞，中國推展睦鄰外交，與東南亞國協（ASEAN）成立論壇，於 2002 年與東協國家締結《南海各方行為宣言》。在朝鮮半島核武問題上，中國主持六方會談。同時中國也與非洲國家建立中非論壇，與歐盟、中東和拉美國家建立定期對話機制。在聯合國內，中國則利用安理會的席位反對美國，例如在 1999 年與俄羅斯共同否決美國干預科索沃危機和 2003 年反對美國發動的伊拉克戰爭。此外，中國也與一些國家建立戰略夥伴關係，包括俄羅斯和歐盟國家。中國與俄羅斯的戰略夥伴關係由於有共同抗美的考量，因此雙方關係特別緊密。美國於 2000 年計畫部署飛彈防禦系統，廢止《反彈道飛彈條約》（*Anti-Ballistic Missile Treaty*），招致俄羅斯與中國的共同反對，中俄於 2001 年簽署《睦鄰友好合作條約》，雙方同意在遭遇外在威脅時立即互相協商，並於 2005 年舉行首次聯合軍事演習。同時中國也與法國、英國和德國建立夥伴關係，寄望與歐洲國家一起限制美國霸權。[39] 在採取和平發展政策的同時，胡錦濤另外提出「和諧世界」的主張，打造尊重各國國情而且和而不同的國際秩序。

---

[38] Avery Goldstein, *Rising to the Challenge: China's Grand Strategy and International Security*, p. 127.

[39] Yuan-Kang Wang, "China's Response to the Unipolar World: The Strategic Logic of Peaceful Development," *Journal of Asian and African Studies*, Vol. 45, No. 5 (2010), pp. 554-567.

二、有所作爲時期

　　現實主義主張,當一國國力增強後,對外的政治、經濟和軍事利益也會隨之擴張。[40] 隨著中國國力逐漸增長,北京對外也逐漸採取擴張強勢作爲,試圖修正國際秩序,甚至趨向「帝國化政策」發展,[41] 建立中國主導的國際秩序。轉捩點是 2008 年北京成功舉辦奧運,民族自信心大增,緊接而來的全球金融危機讓北京研判國際局勢已「東升西降」,以美國爲主的西方正在衰弱之中,而中國的發展模式才是正確道路。[42] 各種跡象顯示,自 2010 年以來,北京逐漸偏離韜光養晦而轉向「有所作爲」的大戰略,在國際議題上變得積極強勢,在軍事上致力發展海權,以經濟脅迫(economic coercion)的手段影響別國政策。關於領土爭端的問題,北京採取強硬立場,在南海廣泛建造人工島礁並設立軍事設施,排除鄰近國家接近,同時在東海的釣魚台附近常態巡航,挑戰日本的管轄。習近平上台之後,胡錦濤時期的「和諧世界」便從中國外交辭令消失,保護中國核心利益的重要性高於和平崛起。[43] 習近平於 2015 年指出:「落後就要挨打,貧窮就要挨餓,失語就要挨罵」,表示中國現在已經解決了前兩個問題,接下來就是

---

[40] Robert Gilpin, *War and Change in World Politics*; Fareed Zakaria, *From Wealth to Power: The Unusual Origins of America's World Role* (Princeton, N.J.: Princeton University Press, 1998).

[41] 蔡東杰,《中國外交戰略:傳統及其變遷》(台北:五南圖書,2013 年),頁 169。

[42] Suisheng Zhao, *The Dragon Roars Back: Transformational Leaders and Dynamics of Chinese Foreign Policy* (Stanford, C.A.: Stanford University Press, 2023), p. 79.

[43] Ibid., p. 86.

解決「挨罵」的問題，爭取國際話語權。[44] 在外交關係上，北京轉而進行「戰狼外交」，嚴厲批評他國，鼓勵外交官「敢於亮劍」，反駁西方，例如於 2020 年中國大使館對澳洲媒體提出 14 點指責，指控澳洲的反華態度，或是 2021 年在阿拉斯加對美國代表不留顏面的嚴詞批判。

　　中國轉向有所作為的大戰略，與其國力的增長息息相關。自 2010 年以來，中國躍居世界第二大經濟體，軍事開支也居世界第二，中國是世界許多國家的最大貿易夥伴，美中兩國的經濟規模在逐漸拉近當中。當一國具有改變國際事務的能力時，通常就會付諸實行。過去無能力改變的事情，現在可以了。隨著國力的增長，中國領導者的企圖心與自信心也跟著成長。習近平提出「四個自信」：道路自信、理論自信、制度自信、文化自信，來反駁西方自由民主制度的普世性，強調中國集中力量「辦大事」的制度優勢。

　　在習近平的主政下，中國外交開展「新型大國關係」，強調「不衝突、不對抗，相互尊重，合作共贏」的大國關係，避免歷史上新興強權與既有霸權的衝突，並以尊重彼此核心利益為底線，此思維延續之前的「和平共處」、「和平崛起」與「和平發展」的說法。美國的歐巴馬政府原先接納中國新型大國關係的提議，但卻被北京視為美國衰弱的表現。北京在經貿問題上依然我行我素，不回應美國的要求。

---

44 習近平，〈在全國黨校工作會議上的講話〉，《新華網》，2015 年 12 月 11 日，http://www.xinhuanet.com/politics/2016-05/01/c_128951529.htm。

於是歐巴馬在其第二任時改採「再平衡」（rebalance）的政策，川普政府則發動貿易戰，美中關係轉而以競爭為主軸。[45]

　　美國海軍是維繫世界海運暢通的關鍵，而中國致力發展海權的決定將加重與美國的安全競爭。胡錦濤於 2012 年的中共十八大工作報告表示：「堅決維護國家海洋權益，建設海洋強國」。習近平亦於 2017 年中共的十九大報告強調要「堅持陸海統籌，加快建設海洋強國」，並表示要「日益走近世界舞台中央」。中國想成為海洋強國，勢必與美軍在東亞競逐制海權。習近平明確表示，要加強軍隊現代化，「到本世紀中葉把人民軍隊全面建成世界一流軍隊」。可以預期，未來美中安全競爭將日趨白熱化。

　　此時期，中國逐漸在國際治理問題上取得影響力，努力建立以中國為首的國際制度。自 2013 年起，中國開始在世界各地推動「一帶一路」倡議，建立跨國經濟帶，投資基礎建設，利用中國不斷提升的國力，在全球各地散布影響力，建立戰略據點。同時，2016 年中國設立亞洲基礎設施投資銀行（Asian Infrastructure Investment Bank），向開發中國家提供建設基礎設施的資金，與日本所主導的亞洲開發銀行（Asian Development Bank）競爭。除此之外，中國也積極參與金磚國家（BRICS）活動，與西方主導的國際組織競爭，金磚國家組織於 2023 年新增 6 個會員國（埃及、伊朗、衣索比亞、沙烏地阿拉伯、

---

[45] Suisheng Zhao, *The Dragon Roars Back: Transformational Leaders and Dynamics of Chinese Foreign Policy*, p. 93.

阿拉伯聯合大公國、阿根廷）。[46] 在全球軍事問題上，中國也成立香山論壇，與西方主導的香格里拉論壇抗衡。

　　美國主導的單極體系約在 2017 年左右結束，國際體系轉變成多極，並以美國、中國和俄羅斯為三大體系強權，強權政治重新成為國際關係的重點。[47] 從現實主義的角度來看，國際結構的變化使得外部制衡重新變成國家可能的戰略選擇。中國與俄羅斯一向對美國主導的單邊體系不滿，俄羅斯反對北約東擴和顏色革命，與中國共同主張國際關係的多極化、國際秩序的「合理公正」。習近平於 2019 年表示：「普京總統是我交往最密切的外國同事，是我最好的知心朋友。」[48] 同年中俄兩國建立了「全面戰略協作夥伴關係」，兩國軍隊也經常舉行聯合軍演。2022 年 2 月 4 日，中俄發表聯合聲明：「兩國友好沒有止境，合作沒有禁區」。俄烏戰爭爆發之後，中國不斷向俄羅斯提出援助，協助俄羅斯抵擋西方的經濟制裁。雖然中俄沒有締結軍事同盟條約，但兩國的戰略夥伴關係已有準同盟的雛形，中俄共同的戰略利益將會使雙方在制衡美國的國際議題上緊密合作，中俄聯合抗美的國際格局已逐漸形成。

---

46 阿根廷新任總統米萊於 2023 年 12 月宣布撤回加入申請，沙烏地阿拉伯則於 2024 年 1 月聲稱仍待檢視確認。

47 John J. Mearsheimer, "Bound to Fail: The Rise and Fall of the Liberal International Order," *International Security*, Vol. 43, No. 4 (2019), pp. 7-50.

48 〈習近平接受俄羅斯主流媒體聯合採訪〉，《新華網》，2019 年 6 月 5 日，http://www.xinhuanet.com/world/2019-06/05/c_1124583530.htm。

陸、新冷戰

　　中國的國力增長借助了美國對中國採取「接觸」的政策，這項政策的理論基礎是自由主義，主張藉由貿易和經濟自由化，協助中國加入國際機構，來轉化中國的國際行為，促進中國民主化，寄望中國成為「負責任的利益相關者」（responsible stakeholder）。然而，幾十年來，美國愈來愈多人認為這項接觸政策已失敗，沒有達到預期的效果，中國的經濟依然對外資重重設限，中國的政治制度愈來愈專制獨裁。[49] 所謂「接觸」政策的前提是，如果將對手融入國際機構和全球貿易，可以將他們轉變為可信賴的夥伴，然而如同 2017 年的美國《國家安全戰略》所言：「這個前提大部分後來證明是假的」。美國指控中國竊取智慧財產權，強迫外商轉移科技，操縱貨幣以獲取貿易順差。美國貿易代表署在 2017 年甚至表示：「美國當初支持中國加入世界貿易組織的決定是錯誤的」。美國近來對中國的政策，兩黨已產生高度共識，愈來愈多的聲音主張應採取強硬的態度。

　　如前所述，美中兩國的戰略目標存在結構性矛盾。中國逐漸增強的國力最終將打破東亞的權力平衡，挑戰美國維繫區域權力平衡的戰略目標，甚至取代美國的主導權。如果中國國力繼續增長，雙方的安全競爭將日趨白熱化。兩國雖有可能在某些國際議題合作，如氣候變遷或傳染病，但整體而言，競爭將大於合作，國際體系將日漸多極

49　Kurt M. Campbell and Ely Ratner, "The China Reckoning: How Beijing Defied American Expectations," *Foreign Affairs*, Vol. 97, No. 2 (March/April 2018), pp. 60-70.

化，甚至朝兩極化發展。可以說，美中的安全競爭已進入「新冷戰」的時期，影響遍及兩國關係的各層面。由於東亞沒有像歐洲冷戰時期兩軍對峙的楚河漢界，加上中國高漲的民族主義，在東亞爆發衝突的可能性會高於美蘇時期的冷戰。[50]

美中的安全競爭目前已經體現在經濟戰和科技戰。美國政府對中國產品大量課徵關稅，並對華為進行制裁，目的是在打壓中國經濟，減緩對美國的挑戰。同時，美國在中國周邊建立起一道圍堵網，限制中國崛起對美國霸權的挑戰，例如建立澳英美三方安全夥伴關係（AUKUS）、美日印澳四方安全對話（QUAD），或強化美日、美韓、美菲雙邊同盟。川普的「自由與開放的印太戰略」基本上是沿襲歐巴馬「亞洲再平衡」的戰略思路，要藉由強化既有的同盟和夥伴關係，來平衡中國日益增長的國力。拜登政府則加碼前政府對中國強硬的政策，限制半導體技術出口中國，遏制中國發展人工智慧、量子電腦和機器人技術。

柒、結論

中國的大戰略尋求富國強兵，成為東亞的區域霸權，取代美國主導國際事務的能力。冷戰結束時中國的大戰略採取「韜光養晦」的手

---

[50] John J. Mearsheimer, "The Inevitable Rivalry: America, China, and the Tragedy of Great-Power Politics," *Foreign Affairs*, Vol. 100, No. 6 (November/December 2021), pp. 48-58.

段，待國力增強後轉而朝「有所作為」的方向發展。中國所採取的戰略手段符合現實主義的預期，依國際結構與國力大小而變。美中關係的演變將是本世紀對國際政治最有深遠影響的事件。美中關係目前受到安全困境的制約，將處於競爭狀態。可預見未來中國將試圖突破美國的遏制圍堵，對內發展經濟與軍事，建立科技自主，對外營造以中國為主的國際秩序，分化美國同盟，強化與俄羅斯的戰略合作，並與伊朗、北韓和其他非西方國家聯合制衡美國。而美國則會試圖減緩中國經濟的成長，限制高科技出口，在中國周邊建立圍堵網，強化既有同盟與夥伴關係。強權之間的競逐，自古以來常常爆發軍事衝突。美中之間目前正進行權力轉移，國際結構的改變已形成新的冷戰格局。

|第二章|
批判性分析中國
「天下論述」之現代化

*　台灣大學國家發展研究所博士。現任韓國海洋水產開發院高級研究員。曾任台灣大學政治系博士後研究員、康寧大學應用外語科教師。研究領域爲中國對外經濟政策、兩岸關係、東亞區域問題等。

壹、引言

中國的現代化可說是一種對傳統的突破之舉，畢竟鴉片戰爭的慘敗使中國不再滿足於傳統的世界觀，即所謂「天下」，因爲中國人痛苦地意識到，中國只是世界諸多國家之一、世界強國之一。中國必須擺脫把自己想像成世界中心的「天下」觀念，重新成爲一個現代民族國家，才得以進入西發里亞條約下的國際政治世界。[1] 儘管現代民族國家的建立是一個與中國傳統思想體系截然不同的過程，但爲了生存，中國還是努力適應西方秩序。在這過程中，反外民族主義和反傳統民族主義兩種對立傾向並存，支撐著中國的現代化過程。

然而，中國在 19 世紀和 20 世紀所摒棄的「天下」概念，在 21 世紀的中國正明顯復甦，特別是自 2013 年習近平上台執政以來，「天下」已成爲具體的外交政策，而不再是一個潛在的概念。自從「人類命運共同體」在 2011 年《中國的和平發展白皮書》中首次提出，隨後又寫入 2018 年 3 月修訂的《中國憲法》序言，便充分說明「天下」概念正重現於當代中國外交政策之中，也顯示了中國將建立「人類命運共同體」（Community with a Shared Future for Mankind）作爲對外關係的核心方向。此外，中國共產黨也堅持認爲，中國與鄰國的關係將不是建立在利益之上，而是建立在集體價值觀（認同）網絡之上，即所謂的「四個準則」──親、誠、惠、容，而這四個準則

---

[1] Young Min Kim, *History of Chinese Political Thought* (Seoul: Academy of Social Criticism, 2021), pp. 745-746.

是以傳統儒家思想作爲基礎的。[2] 一帶一路倡議（BRI）及其他諸多外交政策，包括其與非洲的關係，都令人想起中國所主導的傳統世界秩序。一帶一路倡議是一種以物質基礎所實現的「天下」例子之一，而中國與非洲的關係則顯示，中國身爲文明的中心，正透過向世界上開發程度最低的大陸展示其中國之道，並以之作爲其自身影響力的測試。

　　爲什麼曾經身爲古老傳統而被埋沒的「天下」概念，會在具體的外交政策中重現，並在現今中國引起熱烈討論呢？換言之，中國爲什麼要努力實現現代化的「天下」論述？其目的又是爲何？爲了以批判角度探討這些問題，本文首先將分別從傳統視角和當代視角對「天下」概念進行評價，並回顧相關研究，同時簡扼說明現代化的「天下」論述是如何在近年來受中共採納爲其政治理念的；其次則是追溯現代化的「天下」論述如何在習近平政府所推動的中國對外戰略及政策中呈現，並將對現代化「天下」論述的實際案例進行批判性分析，重點聚焦於「人類命運共同體」、「一帶一路倡議」及「中非關係」等 3 個案例；接著，本文將探討重新詮釋的「天下」概念，並回顧該中國傳統世界觀的最終目的，即是透過綜合中國政府對「天下」概念現代化的戰略意圖，使中國成爲世界知識、規範和制度的創造者；最後，結論將從國際政治的角度總結傳統「天下」觀念的現代化在當前

---

[2] Jaekwan Kim, "The Sino-US Great Power Competition and the Road to China's Dream Under the Xi's Regime," *Acta Eurasiatica*, Vol. 10, No. 2 (2019), pp. 43-67.

中美戰略競賽或新冷戰時期的意義。

在歷史、哲學和國際關係學領域，許多中國和東亞、歐洲，以及美國等頗具見解的研究，都探討了傳統「天下」概念在當代中國政治中的延續和轉變。本文基本上是在既有研究基礎上探討「天下」問題，其目的在於透過分析習近平領導下的具體政策案例，以批判觀點探究「天下」概念及其政治意圖。透過該檢視過程，本文將從國際政治視野中得出中美戰略競賽時代的啟示。

貳、傳統「天下」觀與當代論述

一、天下與世界秩序

所謂「天下」是一個源遠流長的中國觀念，其起源於中國古代周朝（西元前 1046-256 年），特別是西周晚期。[3] 從字面上來看，「天下」是指西周時期最高神靈「天」所管轄的所有領域及其中的萬物。[4]西周是中國古代第一個建立「中國國家」的王朝，其中央政權的擴張不僅包括向其征服的諸侯國土傳播漢字和中國禮儀，還包括文化同化。[5]西周征服蠻族時，所採取的策略便是一種穩定的綏靖和同化過

---

[3] Hae Jong Jeon, "The Cheonhagwan of Chinese and Its Appearance and Reality," in Nae Hyun Yoon et al., *Cheonha Thought of China* (Seoul: Minumsa, 1988), p. 187.

[4] Nae Hyun Yoon, "The Origin of Cheonha Thought," in *Cheonha Thought of China*, p. 11.

[5] John King Fairbank, *China: A New History*, Translated by Hyung Jong Kim and Sung Gon Shin (Seoul: Kachibooks, 2018), p. 64.

程，其基礎即是中國人民的生活方式和治理效率，而非直接的軍事征服，並透過強調中國文化的優越性來證明其合理性。[6]

天下是涉及地理、心理、現實及理想的概念。在地理上，天下是一個類似世界的概念，泛指人類居住的所有土地；在心理上，則是意指生活在所有土地上、所有人的普遍心思（民心）或普遍意志（民意）。[7]此外，「天下」也泛指中央政府在現實中的控制範圍和想像中的理想世界。舉例來說，「天下」與周朝中央政府的影響範圍相同，但在西周滅亡後的春秋時期，其作爲實現統一秩序的理想倒是被無限擴大。即使在秦朝、明朝和清朝等統一全國的朝代，天下的概念也被確立爲一種理想世界。

天下的意義比天下的定義更重要。這使吾人得以思考一些至今仍具意義的問題，例如天下起源於何處、什麼是天下、誰來維護天下的秩序、天下的影響範圍有多大、爲什麼天下在 2,000 多年後仍有意義等。就該意義上來說，天下反映了中國古代人民悠久的宗教觀念、統治秩序、國家結構和社會紀律。一言以蔽之，「天下」就是中國人的世界觀。當理想的天下觀與現實的人類世界相聯繫時，就變成了「天子」負責在人間實現「天意」的統治範圍，進而擴張成一種統治秩序。[8]換言之，天下觀實踐於現實世界中便是所謂的國際秩序。

---

[6]　John King Fairbank, *China: A New History*, p. 68.

[7]　趙汀陽，《天下體系：世界制度哲學導論》，Translated by Seung Hyun Noh (Seoul: Gil, 2010), p. 62.

[8]　Nae Hyun Yoon, "The Origin of Cheonha Thought," p. 47.

天下秩序的核心是國家（或部落）之間的階級關係。在周朝之前的商朝早期，商王國與其他部落之間是相互聯盟，而非階級關係。然而，商朝末期以商朝民族為中心組織王國的商朝治理思想，[9]卻隨著西周王國的建立而有了進一步的發展，並因此形成了以周族最高神靈「天」為中心的階級結構。換句話說，西周的統治者成為了最高領袖「天子」，「天子」的居所則稱為「中國」，即世界的中心。[10]中國被尊崇為「中華中心主義」（Sinocentrism），該詞也從此成為中國歷史的關鍵字。時至今日，中華人民共和國和中華民國（台灣）都在其所使用國名中展現「中華中心主義」一詞，以強調其作為引領文明的中國傳統王朝繼承者之合法性及身分。

這種階級秩序之所以得到支持，也是因為儒家思想為維護世界秩序的準則。傳統中國與鄰國建立關係的方式是朝貢體系，而該體系起源自周朝的封建統治制度。諸侯或其使臣見到皇帝時，必須獻上禮物。換言之，這個制度是具階級和非平等的儒家社會秩序之延伸。周宣王宣揚「天命論」，並聲稱其統治權力是得到上天的授權，唯具有德行的人或家族才得以授予天命。依照儒家所強調的禮儀行事，就能賦予一個人道德地位或尊嚴，從而建立起階級秩序。

在建立了以周族為中心的宗教和統治秩序之後，西周君王立志以帝王的身分統治天下。其想法更是延伸至目前尚未統治的土地，即總

9　Ibid., p. 48.

10　Ibid., p. 48.

有一天該些土地也要由西周王朝統治，而天下也應該由西周王朝所統治，[11] 這也接著形成了一種世界秩序。而反映天下觀的世界秩序是中國傳統的國家治理體系，即各民族（部落）組成國家（天下）的體系，這是一種比西方更古老的帝國思維體系。

　　本文研究與什麼是「天下」以及什麼是「天下」的中心，即「中華中心主義」有關。為了要釐清什麼是「中華中心主義」，吾人不妨先簡單發問何為「中華中心主義」的反義詞？中華中心主義的反義詞是「夷狄」。而要坐實「中華中心主義」，就必須有比中國更惡劣的野蠻人，[12] 這也不免暴露了該世界秩序的漏洞。自1990年代以來，中國學者趙汀陽以現代主義方式重新詮釋了「天下」，他認為「天下」能去除敵友之分及他者與外部的概念，而這正是西方政治的核心。然而，「天下」的核心，即「中華中心主義」也包含了「蠻夷」的概念。唯一不同的是，雖然夷狄的生命比中國人低等，但若是能與中國合作及共享利益，就能避免成為其敵人的立場。換言之，從國際政治的角度來看，影響最顯著的便是「中華中心主義」的概念，即中國是文明中心的自豪感和排他性。尤其是該排他性頗為自相矛盾，因為這項特質否定了「天下」的概念。

---

[11]　Ibid, p. 47.

[12]　Young Min Kim, *History of Chinese Political Thought* (Seoul: Academy of Social Criticism, 2021), pp. 30-31.

二、現代化的「天下」論述與中國共產黨

其實，當前「天下」論述的復興並不是習近平上台後才突然出現的，此種論述在 1980 年代至 1990 年代就以肩負新儒學運動之任務而重現於中國學術界之中。[13] 在國際學術界，即以 1968 年費正清（John K. Fairbank）所撰《中國的世界秩序：傳統中國的對外關係》一書，開啟了學術界對中國世界觀的探索及重新詮釋。費正清將「天下」稱爲「中國的世界」，並在研究中指出：「中國世界的秩序是中國統治者在許多世紀中發展和延續下來的一套思想和實踐，因爲他們的關係是階級分明且非平等的，就像中國社會本身一樣。」[14]

1990 年代以來，中國社會科學院哲學研究所研究員趙汀陽推動了「天下」論述的現代化。他論證了「天下體系」理論，並提出發展中國政治哲學和全球政治理論的宏偉研究目標。儘管趙汀陽並未清楚或合理地闡述其要素，但吾人仍可透過其四個主要組成部分來重構此項概念框架，即「天下」、「無爲而無不爲」、「世界體制」與「和諧」。[15] 他將「天下」與西方思想進行比較分析，並將中國此項理想

---

[13] William A. Callahan, "Tianxia, Empire and the World: Soft Power and China's Foreign Policy Discourse in the 21st Century," *British Inter-University China Centre Working Paper Series*, No. 1 (2007), p. 11.

[14] John K. Fairbank, *The Chinese World Order: Traditional China's Foreign Relations* (Cambridge, Mass.: Harvard University Press, 1968), p. 1.

[15] Feng Zhang, "The Tianxia System: World Order in a Chinese Utopia," *Global Asia*, Vol. 4 No. 4 (2009), https://www.globalasia.org/v4no4/book/the-tianxia-system-world-order-in-a-chinese-utopia_zhang-feng.

概念視爲是對於異端邪說、戰爭與衝突等危險思想的排斥。[16] 由於中國人在意識方面沒有所謂的「異端意識」之說，因此與他人的衝突在本質上還是一種功利性的歧見，而非精神或思想上的分歧。[17]

這種方法論改變了吾人理解民族國家的方式，並且負面看待以西方爲中心的近代帝國史。換言之，這也代表著中國發展的文化理想得以取代產自一系列衝突的西方政治哲學。趙汀陽的「天下體系」理論已經預示了對以西方爲中心的世界秩序的否定和對新秩序的探索。2005 年趙汀陽所著《天下體系：世界制度哲學導論》一書否定了英美「全球理念」的合法性，因爲這「不過是將他們自己的特殊價值觀普及爲一種普遍化的形式」，並強調「天下體系」爲不同於西方的中國政治哲學，將是一種另類的政治哲學概念。

關於「天下」現代化的論述也逐漸擴展到政治哲學領域之外、更爲實際方面的範圍。尤其是，中國的馬克思主義學者費盡心力證明傳統的「天下」並不反對馬克思主義。他們認爲，傳統天下觀所反映的中國古代宗教、統治秩序、國家結構和社會紀律，已經融入了今天的社會主義和中國共產黨的統治秩序之中。中國共產黨之所以會注意當代「天下」論述，是因爲其與「中國要建立什麼樣的世界秩序」這個問題息息相關。若是中國共產黨要維持其統治地位，就必須堅持和捍衛中國民族主義和共產黨的意識形態。換言之，中國共產黨必須緊抓

---

[16] 趙汀陽，《天下體系：世界制度哲學導論》，p. 142.

[17] Ibid., p. 112.

著中國的歷史和文化傳統，並將「中國特色社會主義」納入其執政意識形態。

中國共產黨利用「民族主義」和「儒家」傳統繼續其執政並進行政治聯盟時，馬克思主義意識形態在改革開放後逐漸淡出中國社會，造成了意識形態真空。不僅如此，中國共產黨現在以「天下秩序」作為理由與美國競爭，躍升為全球霸權之一。在 2017 年 10 月的十九大報告中，習近平在「大道之行，天下為公」中提過 1 次天下觀念，在 2022 年 10 月的二十大報告中又有 5 次提到「天下」一詞，甚至特地提到「天下為公」。[18] 中國共產黨所使用的這個詞是儒家思想、中華中心主義和社會主義的微妙結合。正如韓國歷史學家尹乃賢（Naehyun Yoon）所說，其代表了「自古以來就存在的中國帝國主義」。

參、批判性分析現代化「天下」論述的三個案例

前述的現代化天下觀在習近平領導下的中國外交政策中是如何實踐的？以下將聚焦分析三個「天下」實務案例，即中國提出的「人類命運共同體」以反映天下觀的國際新秩序、以一帶一路倡議的物質基

---

18 〈習近平：決勝全面建成小康社會奪取新時代中國特色社會主義偉大勝利，在中國共產黨第十九次全國代表大會上的報告〉，《中國政府網》，2017 年 10 月 18 日，https://www.gov.cn/zhuanti/2017-10/27/content_5234876.htm；〈習近平：高舉中國特色社會主義偉大旗幟為全面建設社會主義現代化國家而團結奮鬥，在中國共產黨第二十次全國代表大會上的報告〉，《中國政府網》，2022 年 10 月 16 日，https://www.gov.cn/xinwen/2022-10/25/content_5721685.htm。

礎所構建中國世界新秩序，以及被視為新分配制度現象的中國與非洲
國家關係。

一、人類命運共同體

　　人類命運共同體是習近平政府反覆倡議的世界觀、國際權力觀和
共同利益觀，也是「新時代中國特色社會主義」的核心外交戰略。
這句偉大口號的原意是創造人類共同利益和價值，一同發展出繁榮的
命運共同體，其最早是在 2011 年胡錦濤領導的《中國的和平發展》
白皮書中所提出，之後在 2012 年 11 月習近平當選為中共總書記的
中共十八大上再次強調，[19] 此後更是被習近平多次提及而引起注意。
特別是在 2017 年 10 月 18 日十九大報告中，習近平正式提出要「堅
持和平發展道路，推動構建人類命運共同體」。[20] 隨後，2018 年 3 月
第十三屆全國人民代表大會第一次會議通過的《中國憲法序言修正
案》，則將建構「人類命運共同體」確立為中國所奉行的外交戰略。
先前的憲法序言提出「發展同各國的外交關係和經濟、文化交流」，
後修改為「發展同各國的外交關係和經濟、文化交流，推動構建人類
命運共同體」。[21]

---

[19] 〈胡錦濤在中國共產黨第十八次全國代表大會上的報告〉，《人民網》，2012
　　年 11 月 18 日，http://cpc.people.com.cn/n/2012/1118/c64094-19612151-3.html。

[20] 〈習近平：決勝全面建成小康社會奪取新時代中國特色社會主義偉大勝利，在
　　中國共產黨第十九次全國代表大會上的報告〉，《中國政府網》，2017 年 10
　　月 18 日，https://www.gov.cn/zhuanti/2017-10/27/content_5234876.htm。

[21] 〈中華人民共和國憲法修正案〉，《中國政府網》，2018 年 3 月 11 日，
　　https://www.gov.cn/xinwen/2018-03/11/content_5273222.htm。

　　「人類命運共同體」這個概念在 2017 年首次寫入第七十二屆聯合國大會決議，從而為世人所熟知。[22] 該屆聯合國大會的兩份決議草案採納了打造「人類命運共同體」的理念，而這正是習近平上任以來在多個重要活動中所強調的原話，其提出「應研究採取切實措施，尋求防止太空軍備競賽的協議，共同努力打造人類命運共同體」。[23] 這句略顯抽象的政治口號如今已成為一個概念，代表中國所追求的另一個國際新秩序。如今，習近平在面會外國領導人時，都會將這句話當作互利共贏的共同目標來提出，以確定或吸引他們成為志同道合的夥伴。例如，習近平於 2023 年 12 月在河內會見越南共產黨總書記阮富仲時，便曾提及要「從加強世界社會主義力量、確保各自社會主義建設事業長期穩定發展的角度出發，攜手建構其共同未來的中越命運共同體」。[24]

　　值得注意的是，天下觀是人類命運共同體的理論基礎。中國共產黨將人類命運共同體視為中國理想的世界觀，即是將天下觀與中國共產黨領導下的社會主義融合所形成的世界觀。例如，北京大學馬克思

---

[22] "UN Echoes China's Concept of Building 'Community of Shared Future for Mankind'," *The State Council Information Office, The People's Republic of China*, November 9, 2017, http://english.scio.gov.cn/2017-11/09/content_41867418.htm.

[23] Charlotte Gao, "A Community of Shared Future: One Short Phrase for UN, One Big Victory for China?" *The Diplomat*, November 5, 2017, https://thediplomat.com/2017/11/a-community-of-shared-future-one-short-phrase-for-un-one-big-victory-for-china/.

[24] "China, Vietnam Agree to Build Community with Shared Future That Carries Strategic Significance," *Xinhua*, December 13, 2023, https://english.news.cn/20231213/553904f268594b4ea9c0999df3c7208b/c.html (accessed 2024/2/12).

主義學院孫來斌教授便認為，人類命運共同體理論繼承了馬克思主義社群觀的核心價值，即人道精神和平等精神。[25] 他認為，二戰以來，已開發國家與其他國家之間存在著「核心─邊陲」關係，西方中心主義表現出強大的慣性。他認為，人類命運共同體應平等對待所有國家，不因國家大小、強弱、經濟實力而區別對待，並應尊重各國人民選擇其發展道路的權利。[26] 中國政府官方的學者也強調，人類命運共同體是馬克思主義與中國傳統文化的融合與創新，[27] 這也解釋了為什麼人類命運共同體會符合中國所試圖提出的另一個世界秩序。

　　簡言之，人類命運共同體理論是中國傳統的天下觀（又稱「中華中心主義」）與馬克思主義（中國政權的統治思想）的奇妙融合。其目標是建立一個新的世界秩序，並使中國現代政治哲學及世界觀體現出天下觀本身的意義。正因如此，與中國展開戰略競賽的美國擔心中國最終會重組世界秩序，而不僅僅是在貿易、科技和價值觀等方面挑戰美國。例如，白宮在 2022 年發布的《國家安全戰略》中認為，中國是「唯一一個既有重塑國際秩序的意圖，又日益擁有促進該目標之經濟、外交、軍事和科技實力的競爭者」。[28] 中國意圖重構世界秩序

---

[25] 孫來斌，〈論人類命運共同體與馬克思共同體思想的關係〉，《馬克思主義研究》，第 12 期（2019 年），頁 35-44。

[26] 同前註 25，頁 39-40。

[27] 楊柳新、張夏蕊，〈習近平人類命運共同體思想的生成邏輯：馬克思主義與中國傳統文化的融合創新〉，《南寧師範大學學報》（哲學社會科學版），第 41 卷第 1 期（2020 年），頁 33-39。

[28] The White House, *National Security Strategy*, October 2022, p. 8.

所仰賴的基礎，即是其認為當前的世界秩序是由美國所主導並有利於美國的，而中國正在與該大國競爭。

此外，另一個更深層的意圖，則是中國需要傳播中國價值觀，以贏得中國盟友，並擴大中國的國際影響力。儘管冷戰後美國所主導的自由秩序相當霸道，但反對的國家也不在少數。例如，2022 年 2 月，在 193 個國家中就有 52 個不支持聯合國反對俄烏戰爭決議的國家，[29] 其中包括 14 個非洲國家、亞美尼亞、哈薩克在內的 32 個國家投了棄權票，俄國、白俄羅斯、北韓、厄利垂亞、馬利、尼加拉瓜、敘利亞等 7 個國家則投反對票。此外，各國在 G20 會議上對俄烏戰爭的立場也是大相逕庭。在此背景下，中國似乎毫不猶豫地尋求加強與非民主國家／專制國家的團結，以打破美國所主導的國際秩序，並提出展現中國天下觀的新替代秩序，例如人類命運共同體。其目的便在於將曾經以「北京共識」為代表的中國發展模式提升成一種政治和國際意識形態，並超越經濟成長的範疇。中國學者及中國共產黨都強調天下觀是支撐其世界觀和改革世界秩序雄心的理論。

二、一帶一路倡議

一帶一路倡議是把天下觀實踐於某種物質基礎之上的實際案例，[30] 也是代表中國在積極外交政策方面的實踐。2013 年 9 月，習近

---

[29] Stephan Klingebiel, "Developing Country Views on Russia's Invasion," April 12, 2022, *Development Policy Centre, Australian National University*, https://devpolicy. org/developing-country-views-on-russias-invasion-20220412/.

[30] 直到 2016 年，「一帶一路」倡議一直被翻譯成英文 One Belt One Road

平在訪問哈薩克和俄國時首次提出了「一帶一路倡議」，當時他宣布的計畫主要是交通方面的規劃，其目的是建立一條經濟地帶或走廊，將中國與蒙古、中亞、俄國、伊朗、土耳其、巴爾幹半島、中東歐，最終與德國和荷蘭連接起來。[31] 不久之後，2013 年 10 月，在第十六屆中國—東協峰會上，時任總理的李克強更是宣布了建設「21 世紀海上絲綢之路」的計畫，支持海洋經濟、海上連結、海洋環境保護與科學研究，以及海上搜救等各方面的合作。隨後，「一帶一路」構想的具體政策便於 2015 年 5 月公布，其中包括兩個具體計畫，即絲綢之路經濟帶與 21 世紀海上絲綢之路。

透過這項倡議，中國政府打算推動一項包括經濟、外交政策、區域發展（包括中國外部和內部），以及文化（即軟實力）在內的綜合戰略。中國政府表面上強調雙贏戰略、共同發展、經濟合作和繁榮，但其實中國希望在亞洲和非洲建設新的港口、公路、鐵路、發電廠和經濟特區等基礎設施，試圖整合橫跨超過 60 個國家的龐大市場，並

（OBOR），算是從中文的直譯。然而，「一帶一路」一詞被認爲有誤導性，因爲相關國家往往過於執著在「一」字上，認爲只有一條海上通道和一條陸上地帶。Tim Summers, "What Exactly is One Belt, One Road," *The World Today*, October 30, 2015; Una Aleksandra Bērziņa-Čerenkova,"BRI Instead of OBOR: China Edits the English Name of its Most Ambitious International Project Analyses," *Latvian Institute of International Affairs*, 2016, http://www.liia.lv/en/analyses/bri-instead-of-obor-china-edits-the-english-name-of-its-most-ambitious-international-project-532 (accessed 2023/11/29).

[31] Peter Ferdinand, "Westward ho—the China Dream and 'One Belt, One Road': Chinese Foreign Policy under Xi Jinping," *International Affairs*, Vol. 92, No. 4 (2016), pp. 941-957.

在其中建立區域經濟合作框架。同時，這些目標也都具有看似及時又合理的原因，因為一帶一路倡議是在 2008 年全球金融危機後，中國國內經濟成長率開始減弱、經濟表現疲軟和出口量下降的壓力下所提出的。[32]

然而，正如許多西方國家所批評，這項戰略是由中國政府所主導、由上而下的經濟發展計畫，目的在於向全球傳達中國的發展模式和意識形態。[33] 其最終目標便是「將周邊國家編織成一張以中國為中心的經濟、政治、文化和安全關係網絡」，即習近平在國際事務中多次提到的人類命運共同體。[34] 相關批評者指出，一帶一路倡議意在透過重建地區秩序，甚至可能是全球秩序，來推動中國的全球治理新願景。[35]

關於一帶一路倡議，不得不留意中國新外交戰略及中國與超過60 個國家經濟交流二者之間的戰略關係，因為一帶一路倡議象徵著習近平在外交戰略方面更加積極主動的態度。但更為重要的是，這也是對抗美國「戰略東移（亞洲再平衡）」壓力的一種方式，即美國歐

---

[32] Yong Wang, "Offensive for Defensive: the Belt and Road Initiative and China's New Grand Strategy," *The Pacific Review*, Vol. 29, No. 3 (2016), pp. 455-463.

[33] Wade Shepard, "Beijing to The World: Don't Call the Belt and Road Initiative OBOR," *Forbes*, August 1, 2017.

[34] William A. Callahan, "China's Asia Dream: The Belt Road Initiative and the New Regional Order," *Asian Journal of Comparative Politics*, Vol. 1, No. 3 (2016), pp. 226-243.

[35] Peter Ferdinand, "Westward ho—the China Dream and 'One Belt, One Road': Chinese Foreign Policy under Xi Jinping," pp. 941-957.

巴馬政府在 2012 年正式制定的東亞外交戰略。該戰略關鍵在於，透過加強與盟友和夥伴的關係，包括與印度和印尼等新興大國的關係，將美國嵌入中國正在崛起的新興政治、安全和經濟架構中，並將美國的戰略重點從中東轉向東亞。[36] 一言以蔽之，這是爲了加強雙邊安全聯盟，強化工作關係，並促進美國與東亞國家之間的區域貿易和投資。[37]

　　與本世紀初開始推動的「走出去戰略」（Go Global Strategy）相比，一帶一路倡議在推動中國對外擴張影響力方面顯然更加有力。對中國來說，其與周邊國家的貿易和投資是政治上有益的選擇。透過加強與一帶一路倡議沿線相關的國家，尤其是東南亞和中亞國家的經濟關係，實現地區連結和經濟合作，有助於提升中國的對外影響力。在此脈絡下，霍布森（John Hobson）和張昕之甚至認爲，中國領導人能在推動一帶一路倡議的過程中，以實現經濟和政治目標的方式來獲得其合法性。在這方面，該計畫亦能被視爲當今的新朝貢體系，旨在與一帶一路倡議參與國建立強而有力的經濟關係，並以此加強中國領導高層的國內合法性。[38]

---

[36] Jeffrey A. Bader, "U.S. Policy: Balancing in Asia, and Rebalancing to Asia," *The Brookings Institution*, September 23, 2014, https://www.brookings.edu/articles/u-s-policy-balancing-in-asia-and-rebalancing-to-asia/.

[37] Laura Southgate, "The Asia Pivot as a Strategy of Foreign Policy: A Source of Peace or a Harbinger of Conflict?" Yong Wang, "Offensive for Defensive: the Belt and Road Initiative and China's New Grand Strategy," pp. 455-463.

[38] John Hobson and Shizhi Zhang, "The Return of the Chinese Tribute System? Reviewing the Belt and Road Initiative," *Global Studies Quarterly*, Vol. 2, No. 4 (2022), p. 1.

三、中非關係

自 1960 年代以來，中國便持續加強其與非洲的往來關係，非洲大陸現已成為中國影響力最大的區域之一，中國的影響力已從經濟實力及文化走向政治地位及世界觀。1960 年 4 月，中國成立了「中國非洲人民友好協會」（Africa-China Friendship Association），並且開始向非洲新興獨立國家提供援助。1971 年，在包括非洲國家在內許多國家的支持下，中國恢復了聯合國常任理事國的地位，這也相當符合中國的國家利益。自 1960 年代以來，中國與非洲國家基本上便保持著以緊密經濟合作為基礎的友好關係。對中國而言，能在經濟快速成長的過程中，從非洲大陸上取得自然資源（例如銅、石油和木材），亦是十分重要的事。

尤其是自「走出去戰略」實施以來，中國在非洲的投資迅速增加。該戰略最初由中國石油業者於 1999 年提出，旨在進軍國際市場。2000 年，江澤民政府將其提升為國家重點戰略之一，強調該戰略是為了國家經濟安全尋找自然資源，同時提高其開放程度。[39] 在此背景下，江澤民開始認真進一步發展中非關係。江澤民在 1996 年訪問非洲時便曾表示，中非關係將以一種不以意識形態為立足點，並在不附加任何政治條件下獲取自然資源的全新方式下正式確立。中國政府強調，他們與非洲的關係是以獲取資源和商業機會作為唯一重點，

---

39 〈江澤民在中國共產黨第十六次全國代表大會上的報告〉，《中國政府網》，2002 年 11 月 18 日，http://www.gov.cn/test/2008-08/01/content_1061490_5.htm。

並希望能在不考慮意識形態因素的情況下進行基礎設施計畫。

在加強與非洲大陸經濟關係的同時，中國在 2019 年也已於 46 個非洲國家建立起 61 所孔子學院。[40] 中國試圖透過這座文化橋梁深化與非洲的經濟文化關係，不僅透過漢語傳播中國價值觀，也傳播以孔子為代表的儒家思想。值得注意的是，與美國、丹麥和瑞典等西方國家批評孔子學院為中國政府宣傳工具不同的是，非洲國家並未關閉任何孔子學院。

中國與非洲國家之間的關係已開始超越經濟和文化領域，並且正發展成國際政治和戰略利益共享國家或志同道合的夥伴。這似乎與中國在 1990 年代的宣言背道而馳，即中國將在不考慮政治利益或意識形態因素的情況下發展與非洲的關係，正如中國外交部發言人汪文彬在 2023 年 8 月 25 日例行記者會上的談話所表示：「中國同非洲朋友一道推動中非關係不斷邁上新台階，進入共築中非命運共同體的新階段。中非雙方要同心協力，共同推動建立公正合理的國際秩序，共同維護和平安全的全球環境，共同建設開放包容的世界經濟，以文明交流超越文明隔閡，為實現各自發展願景創造良好環境。」[41] 中國現在甚至在與非洲的關係中提及「國際秩序」。事實上，在 2021 年

40　胡登全、王麗平，〈非洲孔子學院研究述評：2006-2019 年〉，《中國非洲學刊》，第 1 期（2021 年），頁 134-153。

41　Ministry of Foreign Affairs, the People's Republic of China, "Foreign Ministry Spokesperson Wang Wenbin's Regular Press Conference on August 25, 2023," https://www.mfa.gov.cn/mfa_eng/xwfw_665399/s2510_665401/2511_665403/202308/t20230825_11132956.html.

11 月公布的《新時代的中非合作》白皮書中，中國政府便曾強調：「中非是推動全球治理體系改革、重塑國際秩序的重要夥伴。……雙方努力維護國際公平正義，並推動國際秩序朝著更公平合理的方向發展。」[42]

自 1991 年以來，中國外交部長每年年初外訪的第一站便都是非洲大陸，足以證明非洲在中國外交戰略中的重要地位。而這反映了中國對中非關係發展的高度重視，加強與非洲國家的團結合作可說是中國外交政策的重要基石。在此過程中，「建立命運共同體」便以作為中非未來願景的口號被中國領導人多次提及。舉例來說，2024 年 2 月 17 日，習近平向非洲聯盟第三十七屆峰會致電祝賀，其賀詞便強調要推動中非「共築高水平中非命運共同體」。[43]

肆、中國成為世界知識、規範和制度之創造者

近年來，西方國家對於中國不會納入美國所建立的世界秩序似乎已不再懷疑，而是深信不疑。此外，他們也擔心中國會建立一個新的「中式世界秩序」，從而威脅到他們的既得利益。自改革開放以來，中國其實一直是自由市場經濟秩序的受益者，同時也為西方國家提供

---

[42] "Full Text: China and Africa in the New Era: A Partnership of Equals," *Xinhua*, November 26, 2021, http://www.news.cn/english/2021-11/26/c_1310333813.htm.

[43] The State Council, The People's Republic of China. "Xi Sends Congratulatory Message to 37th AU Summit," February 17, 2024, https://english.www.gov.cn/news/202402/17/content_WS65d09669c6d0868f4e8e4136.html.

了許多機會。因此，在 1980 年代至 1990 年代，包括美國在內的西方國家並不完全排除其期望中國成爲轉型經濟的典範，並順利適應其所主導的世界秩序。然而，在過去 10 年中，西方意識到他們的期望與中國的期望並不一致，並持續以「中國威脅論」爲由對這個新興大國抱持懷疑態度。

造成這種懷疑和擔憂的主要原因，首先便是自 1990 年代末以來，中國一直熱烈討論著「天下」。這些論述受到中國知識分子的自我反思而活躍起來，他們認爲唯有中國超越世界工廠、廉價商品的生產者，成爲一個能夠創造世界知識、規範和制度的國家時，中國才能成長爲一個眞正的霸權國家，同時保持其中國傳統特色。在這種思想相對活躍的 1990 年代，正值中國認眞接受並利用市場經濟體制的時期。雖然天安門事件後出現了關於改革路線方面的衝突，但 1992 年的鄧小平南巡講話平息了爭議，並重新主導中國進一步的深化改革。畢竟，中國的經濟可以更快地成長，並成爲一個全球市場，特別是在 2001 年加入世界貿易組織（WTO）之後，中國在國防和科技領域也取得了突飛猛進的發展，現已躍升爲可與美國抗衡的大國。

在此背景下，大家也一再提出這樣的問題，即若中國成爲世界上占領主導地位的超級大國，它將如何管理世界？抑或者，什麼才是「中國秩序」？中國所自我定義的「中國特色社會主義市場經濟」被視爲是中國理想秩序的基礎，在此基礎上，1990 年代和 21 世紀初的許多研究者都將重點放在中國發展模式或「北京共識」上，以探討中國克服現有西方中心秩序和自由市場經濟弊端的獨特典範。然而，

隨著觀察家們對中國社會主義的主流解釋逐漸轉變為「國家資本主義」，前兩種試圖從某種積極角度審視中國特色的論述便開始逐漸減少。國家資本主義指的是一種資本主義，在這種資本主義中，國家成為主要的市場參與者，不只領導經濟活動，也會在許多情況下出於政治目的以保護主義等操縱手段控制市場。國家資本主義看待中國體制的重點在於，中國式的社會主義市場經濟，其實不過是專制主義與市場經濟的結合。換言之，這具有在自由市場經濟中扮演不公平角色的負面影響。這種邏輯最終導致了中美兩個大國之間的貿易衝突，成為兩國戰略競賽的開端。

然而，在中國崛起的時期，中國內部逐漸出現了內部反思、重新審視世界觀的思潮。這是一種有點激進的問題意識，試圖改變看待和評價世界本身的標準。因為重新認識世界、提出世界體系理論的主要目的，不只是為了要研究和復興中國的政治思想，更是要發現包括中國在內的世界各國，其普遍存在西方政治思想中的問題，並加以否定、克服及進一步變革。這個過程發展成為以中國的經濟、軍事實力和外交影響力為基礎，並試著以中國的方式設想和建立未來的世界秩序。中國聲稱自己比西方更加和平，對和平國際秩序和國際關係的思考也比西方更悠久，並為此提供了歷史和傳統思想基礎。

從 1979 年改革開放到 1990 年代，中國經歷接受西方所建立秩序與規範的階段，也就是從中國的角度進行重組的轉型階段。不過，在此之後，面對中國威脅論、內部社會秩序混亂等外部負面視角，他們也開始主張中國視角的普遍性（universality），並將其作為中國的新

（實則爲舊）世界觀及國際秩序之替代方案。改革開放後，中國人民的資本主義生活發生了急劇變化，西方文化的肆意引進與中國傳統價值觀發生衝突，形成了一種反常狀態。社會主義價值觀的消失所造成的意識形態眞空，導致了社會秩序的混亂。中國共產黨重新喚起儒家思想作爲替代方案，這個具有 2,000 年歷史的傳統思想不僅在中國國內，在中國的國際事務中，也都發揮了理論基礎的作用。重要的是，無論在中國國內或國外，儒家價值觀仍然是中國共產黨權威合法化的支撐來源。

事實上，趙汀陽曾表示，中國要成爲眞正的世界強國，就必須參與經濟生產以外的知識創造領域。[44] 此外，他也認爲中國要成爲知識強國，就必須在中國傳統思想的基礎上運用其原創性。同時，其更認爲在利益或宗教等精神知識方面，主張「天下」思想並未具有與他人絕對衝突之處。而且這項主張與「北京共識」概念亦有重疊之處，因爲後者曾宣稱中國無意改變其他國家的政治體制。換言之，「天下」的現代化論述將 20 年前以「北京共識」爲代表的中國發展模式論述，從經濟領域擴展到了世界觀及國際秩序領域。

伍、結論

本文探討了天下觀在當今中國具體外交政策中得以現代化的原因及目的。天下是一個理想的概念，但作爲一種現實的統治秩序，卻具

---

[44] 趙汀陽，《天下體系：世界制度哲學導論》，p. 11.

有強烈的現實意義。這樣一種非常古老、起源自西周時期的中國傳統世界觀，雖然表面上主張和諧共處，但實際上卻又包含著一種階級秩序，即「中華中心主義」。因此，從天下現代化的趨勢來看，許多觀察家也擔心中國會根據這種世界觀來設計國際秩序。

這些疑慮不免在中美戰略競爭時代逐步擴大，因為這也代表冷戰結束後由美國所主導的國際秩序可能會逐漸消失。由於中國所追求的新世界秩序很可能是韓國、越南和日本等東亞國家過去曾經歷過的世界秩序，因此，現代化的天下觀和中華中心主義的復興更令這些國家感到擔憂，並引起其反感。

無論如何，中國所提出的問題仍有一定的說服力。中國追求不分宗教、意識形態或政治立場的共存與合作，對於專制制度下的開發中國家很有吸引力。中國強調，反映其天下觀的命運共同體是一種雙贏、共榮的關係。因此，不容忽視的是，願意與中國合作的國家不在少數，畢竟以美國為首的國際秩序並非完美無瑕，世人別無選擇，只能時時刻刻思考國際秩序是否有較好的發展方向及替代方案，而中國以天下為中心的思想不妨視為是其中的努力結果之一。然而，吾人仍有必要認真審視，中國所提出並現代化的天下概念是否具有足夠的合理性和吸引力。其中必須考慮的是，這是否能成為克服當前問題並提出新道路的另一種選擇，或者這是否只是與中國傳統王朝一樣的階級秩序，只是換了一張面孔而已。

中國天下論述的核心觀點，乃「以超越各國政治體制差異的全面性國際合作是共同因應當今全球挑戰的必要條件」。中國政府宣稱，

他們與其他國家的外交無疑是建立在友好、真誠、風度及包容的基礎之上的。然而，中國仍漠視人權保障，不尊重個人自由。此外，從南海爭議中可以看出，中國在保護國家利益方面的態度顯然愈來愈強硬。對北京來說，與西方競爭、維護中共的領導地位似乎更為重要。同時，他們也正在努力展示自己所創造和傳播的「文明標準」。其目標不是中國過去曾追求、但如今努力避免的西方化中國，而是創造一個「中國化的世界」。若是這樣認為的話，那麼要說這是西方主義的類型之一，倒也未嘗不可。

|第三章|
陣營化的世界與中國的全球南方政策*

青山瑠妙**

*　本文原載於〈「陣営化」する世界と中国のグローバル・サウス政策〉，
《国際問題》，第 711 号（2023 年），頁 37-48；經同意翻譯修正後轉載。

**　日本慶應義塾大學博士。現任早稻田大學亞洲太平洋研究科教授。曾任美
國史丹佛大學、喬治華盛頓大學客座研究員。研究領域爲國際關係理論、
政治學、現代中國政治與外交。著有《現代中国の外交》、《中国のアジ
ア外交》、《超大国・中国のゆくえ：外交と国際秩序》等專書。

壹、前言：「陣營化」的世界？

2022 年 11 月 12 日公布的美國《國家安全戰略》，將中國定位為現今具有重塑國際秩序之意圖與能力的「唯一競爭對手」，[1] 對抗中國成為美國全球戰略之首要任務。另一方面，中國的對外政策在習近平政權下進行重大調整，[2] 其主軸從與先進國家加強關係轉移至「南南合作」。因此，自川普政府以來，美中對抗逐漸升級，現在不僅在政治與安全領域，還擴大到經濟與意識形態領域。

美中兩國已經進入新冷戰時期，美國著名學者米爾斯海默（John Mearsheimer）判斷，這場美中冷戰比過去的美蘇冷戰更容易陷入「熱戰」。[3] 米爾斯海默認為，中國國內民族主義正在上升，儘管中美兩國在台灣、南海、釣魚台及中國至波斯灣的海路上展開激烈的攻防，但是美中對抗缺乏明確的「鐵幕」作為分而治之的分界線，這也是使熱戰容易發生的重要原因。米爾斯海默同時指出，與擁有東德和波蘭等「問題兒童」的前蘇聯不同，中國幾乎沒有盟友實際上對中國來說是一種優勢。針對米爾斯海默的主張，艾肯貝里（G. John Ikenberry）

---

1 *National Security Strategy*, October 2022, https://www.whitehouse.gov/wp-content/uploads/2022/10/Biden-Harris-Administrations-National-Security-Strategy-10.2022.pdf.

2 青山瑠妙，〈中国の対外政策の構造的変動—「富国外交」から「強国外交」へ〉，《国際問題》，第 685 号（2019 年），頁 33-44。

3 John Mearsheimer, "The Inevitable Rivalry: America, China, and the Tragedy of Great-Power Politics," *Foreign Affairs*, Vol. 100, No. 6 (2021), pp. 48-58.

與黎安友（Andrew J. Nathan）等學者隨即從不同角度提出反駁，[4] 這場論戰揭示了美國利用結盟開展其全球戰略，中國則是利用夥伴關係等框架擴大其影響力。

2013 年，習近平主席發起「一帶一路」倡議，以中國為起點，透過陸路與海路兩條路連接亞洲、歐洲、非洲、阿拉伯國家和太平洋島國等廣大地區。在沒有建立同盟關係的情況下，截至 2023 年 8 月，已經有 152 個國家與中國交換一帶一路相關的文件。[5]

另一方面，美國在推進其印太戰略並深化日美同盟的同時，於 2021 年 3 月與日本、澳洲和印度舉行「四方安全對話」（QUAD）首次會議，並於 2021 年 9 月與英國和澳洲建立「三方安全夥伴關係」（AUKUS）。經濟領域方面，日本主導的《跨太平洋夥伴全面進步協定》（CPTPP）與美國主導的「印太經濟架構」（IPEF）也在啟動當中。

目前，許多夾在美中之間的國家都保持著平衡的外交立場，同時加強與美國和中國的關係。新加坡的外交理念「與所有人為友，不與任何人為敵」被許多東南亞國家認同，[6] 2019 年 6 月發布的《東協印

4　G. John Ikenberry and Andrew J. Nathan, "A Rival of America's Making? The Debate over Washington's China Strategy/Mearsheimer Replies," *Foreign Affairs*, Vol. 101, No. 2 (2022), pp. 172-180.

5　〈我國已與 152 個國家、32 個國際組織簽署共建一帶一路合作文件〉，《新華網》，2023 年 8 月 24 日，http://big5.news.cn/gate/big5/www.news.cn/fortune/2023-08/24/c_1129822163.htm。

6　"Vivian Balakrishnan's Recent Foreign Policy Speech Echoes 1st Foreign Minister S Rajaratnam's 1965 United Nations Speech," https://mothership.sg/2017/07/

太展望》（AOIP）中就強調東南亞國協（ASEAN）之中心性，而保持平衡的外交立場這一趨勢在中東和東歐等地區也很明顯。[7]

那麼，中國的對外政策優先順序為何？不結盟的中國如何加深與其他國家間的關係？世界是否正在向陣營化之方向邁進？為解答這些問題，本文首先分析 2022 年 10 月 16 日至 22 日在北京舉行的中共第二十次全國代表大會上提出的中國對外政策之方向，並闡明近年中國之外交政策發展。

貳、中共二十大視角下的「全球南方」戰略

2022 年 2 月 24 日，俄羅斯軍隊發動軍事入侵，並以火箭襲擊烏克蘭軍事設施。儘管如此，在軍事入侵之前，普丁總統在北京舉辦冬奧期間訪問中國，中國領導人與普丁總統發表 5,000 字的聯合聲明以深化兩國戰略合作，並簽署了 15 項合作協定。迄今，戰爭已持續了 2 年以上，俄羅斯軍隊正苦苦掙扎，而中國公司在此戰爭中亦遭到波及而經濟損失慘重。在 2022 年 11 月 14 日舉行的美中峰會上，習近平主席明確表示反對俄羅斯在入侵烏克蘭時使用核武器。

顯然，中國的外交政策正遇到瓶頸，同時也有跡象表明中國政府正在改變其對外政策。然而，仔細研究習近平在 2022 年二十大上的

---

vivian-balakrishnans-recent-foreign-policy-speech-strikingly-similar-to-1st-foreign-minister-s-rajaratnams-1965-united-nations-speech/.

7 "The Global Struggle to Respond to an Emerging Two-bloc World," https://merics.org/en/global-struggle-respond-emerging-two-bloc-world.

演說，[8]可以發現中國對外政策的意識形態色彩更加強烈，未來美中對立升級的可能性很高。

　　比較 2012 年胡錦濤的十八大報告和 2017 年與 2022 年習近平的 2 次政治報告，如下圖 3-1 所示，中國推動改革或邁向市場經濟的熱忱明顯退潮，重視安全勝過經濟的態度則變得愈發明顯。

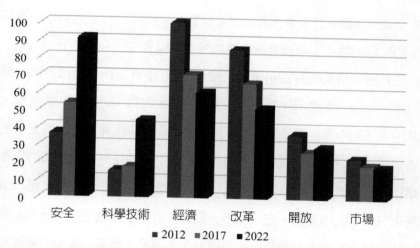

圖 3-1　中國共產黨全國代表大會政治報告的政策趨勢（2012-2022）
資料來源：筆者自行製圖。

　　習近平在二十大報告中提到了 91 次「安全」兩字。早在 2014 年 4 月舉行的中央國家安全委員會第一次會議中，習近平便提出「總體

8　中國共產黨第二十次全國代表大會上習近平主席的報告全文，參照《中華人民共和國中央人民政府》，http://www.gov.cn/xinwen/2022-10/25/content_5721685.htm。

國家安全觀」的概念，並呼籲社會主義國家之「人民安全、政治安全、經濟安全、軍事、文化及社會安全」的保障。至於在二十大各式各樣的「安全」中，政治安全是最重要的，並要人民認知到「政治安全是關係到國家主權、政權、體制和意識形態穩定的最基本需求，是所有國家生存與發展的基本條件」。[9]

在此一政治風潮下，黨的對外活動之主要目標是保衛「黨的執政安全和具中國特色社會主義制度之安全」。[10]「鬥爭」被宣傳為中國外交的傳統與特色，並被視為重要的外交手段。

對國際情勢的看法也發生了變化。自 2000 年後半全球金融危機以來，中國一直表示世界處於「大發展、大改革、大調整」的狀態，其中，「和平與發展是基石」，但在習近平二十大報告中，雖表示他認知到國際情勢「正面對歷史的十字路口」，卻沒有提到中國的「戰略機會」，他指出「世界的變化、時代的變化、歷史的變化，正以前所未有的方式前進」，在「和平、發展、合作、共贏是時代潮流」的同時，也含蓄但強烈批評美國等西方先進國家，指稱「霸權的霸道和霸凌的負面影響很嚴重」，且「和平赤字、發展赤字、安全赤字、治理赤字日益嚴重」。

在前述重視安全的趨勢下，作為該國外交政策的一部分，中國

---

9 〈堅持把政治安全放在首要位置〉，《解放軍報》，2022 年 6 月 29 日。

10 〈二十大新聞中心第四場記者招待會〉，《人民網》，http://cpc.people.com.cn/20th/GB/448350/448427/index.html。

除了提出「全球發展倡議」（GDI）之外，[11] 還提出「全球安全倡議」
（GSI），後者是習近平於 2022 年 4 月提出的一個概念，主要包括
以下六個內容：[12]

一、堅持共同、綜合、合作、可持續的安全觀。

二、堅持尊重各國主權、領土完整、不干涉內政及自主選擇發展道路
　　和社會制度。

三、堅持遵守聯合國憲章宗旨和原則、摒棄冷戰思維、反對陣營對
　　抗。

四、秉持「安全不可分割原則」（the indivisibility of security）。[13]

五、透過對話和協商解決國家間之紛爭，反對雙重標準、單邊制裁和
　　長臂管轄（long-arm jurisdiction）。

六、維護傳統和非傳統領域安全，共同應對地區爭端、恐怖主義、氣
　　候變化、網路安全和生物多樣性等全球性問題。

　　從以上內容可以看出，「全球安全倡議」與中國自 1996 年以來
一直倡導重視非傳統安全的「新安全觀」有很大不同。特別是其中
第 4 點所稱之「安全不可分割原則」，乃普丁總統在入侵烏克蘭時使

11　關於「全球發展倡議」內容之分析，請參照北野尚宏，〈中国の「グローバ
　　ル開発」構想（GDI）〉，https://www.jiia.or.jp/research-report/indo-pacific-
　　fy2021-08.html。

12　〈習近平提出全球安全倡議〉，《新華網》，2022 年 4 月 21 日，http://www.
　　news.cn/politics/leaders/2022-04/21/c_1128580296.htm。

13　所謂「安全不可分割」是 1975 年《赫爾辛基宣言》所體現的一個概念，該宣
　　言指出，一個國家的安全不能與該地區其他國家的安全分開。

用的論調，俄羅斯根據一國安全與該地區其他國家安全不可分割的原則，聲稱北大西洋公約組織（NATO）的東擴戰略威脅到俄羅斯的安全。

　　毋庸置疑，報告中提出的具體外交政策也符合上述原則。冷戰結束後，中國一貫將「大國外交」、「周邊外交」、「發展中國家外交」和「多邊外交」作為其政策支柱推進。然而，進入第三個任期的習近平政府則展現出對「全球南方」的重視。這裡的「全球南方」是指「周邊外交」和「發展中國家外交」，涵蓋「一帶一路」沿線國家，如亞洲、中東和加勒比地區、非洲和拉丁美洲等。

　　關於美中關係或中國和西方先進國家的「大國外交」關係，在十九大會議上，中國政府促進與大國的協調與合作，並呼籲西方國家放棄「冷戰思維和強權政治」，透過對話解決問題。但是，在這份報告中，只提出了「促進與大國的協調，形成良性互動」的政策，沒有提到「對話」。

　　另一方面，關於與發展中國家的關係，習近平在二十大報告中主張「以正確的規範（正確義理觀）促進與發展中國家的團結與合作，並捍衛發展中國家的共同利益」。在推進多邊外交方面，特別提到了世界貿易組織（WTO）、《區域全面經濟夥伴協定》（RCEP）、金磚國家（BRICS）、上海合作組織（SCO）和與金融、世界經濟有關的 G20 峰會，明確體現了對與全球南方國家合作的經濟組織和框架之重視。

　　綜上所述，可以看到二十大所表達的中國對外政策理念似乎發生

了重大變化。首先，對外政策具有濃厚的意識形態色彩，捍衛中國共產黨政治體制的安全已成為外交政策的首要目標，且重視為此目的而進行的「鬥爭」；其次，這種意識形態之重視很大程度上歸因於中國親俄羅斯的基本立場，其與西方先進國家的對抗立場非常明顯；第三，加強與「全球南方」國家關係的重要性增加，而保護發展中國家的共同利益成為重要的政策目標。習近平政權強調「根據問題的利弊決定中國的立場和政策」之重要性，中國目前的對外政策已經大大偏離了改革開放以來的全方位外交。

參、中國對外政策的發展

中國與西方先進國家的關係已經開始倒退，不僅是美國，例如北約於 2022 年 6 月發布的《戰略概念》文件中，也指出中國的脅迫政策正在挑戰北約的利益、安全和價值觀，並將中國列入「系統性挑戰」。[14] 除此之外，繼 2021 年 5 月的立陶宛，愛沙尼亞和拉脫維亞也緊接著於 2022 年 8 月退出中國與中東歐國家的合作框架「17+1」，以回應中國對俄羅斯入侵烏克蘭的反應，致使「17+1」框架因此變成了沒有波羅的海三國的「14+1」框架。

雖然一些國家由於民主政治的理念和自身國家面臨的安全威脅而以這種方式重新考慮了與中國的關係，但也有國家正在加強與中國的

---

[14] *NATO 2022: Strategic Concept*, https://www.nato.int/nato_static_fl2014/assets/pdf/2022/6/pdf/290622-strategic-concept.pdf.

關係，這種關係的加強在全球南方尤為明顯。

一、中亞

在全世界都在關注俄羅斯入侵烏克蘭之際，習近平主席在疫情後首次出訪選擇了 2022 年 9 月舉行的上海合作組織的領導人會議。此舉不僅表明中亞在中國對外政策中的重要性，也標誌著中國在中亞的外交進展。

2015 年，中俄簽署關於中國主導的「絲綢之路經濟帶」與俄羅斯主導的「歐亞經濟聯盟」（EAEU）合作之聯合聲明，2019 年 10 月，中國與歐亞經濟聯盟簽署的《經貿合作協定》正式生效。目前，不僅在能源和基礎建設領域，兩國也在數據通信、電子商務、太空和北極開發等廣泛領域推進合作。

中亞大國哈薩克是中國的「永久全面戰略夥伴」。兩國正透過定期舉行領導人會議與合作委員會，深化能源、「絲綢之路電子商務」、綠色投資和 IT 相關活動等各個領域的經濟聯繫。

除哈薩克外，習近平訪問的另一個目的地為烏茲別克，其在習近平訪問期間與中國締結了一項總額 160 億美元的貿易和投資協定。所成立的合作委員會及其附屬的小組委員會在很大程度上推動了兩國關係的深化，兩國還締結了《經貿投資合作規劃（2022-2026）》。

中國與土庫曼的關係主要以天然氣為中心展開，但在 2016 年至 2019 年期間，土庫曼和俄羅斯無法就天然氣價格達成協議導致對立升級，土庫曼因此增加對中國的天然氣出口。在此背景下，2022 年 6

月，土庫曼與中國就第 4 條天然氣輸送管線（D 線）達成協議。

中國（新疆喀什）—吉爾吉斯—烏茲別克（CKU）鐵路是促進中國與中亞關係的關鍵基礎建設之一。這條全長 523 公里（中國 213 公里，吉爾吉斯 260 公里，烏茲別克 50 公里）的鐵路預計於 2024 年 10 月開工建設，將經過土庫曼，連接伊朗和土耳其，最終到達東南歐。1997 年，三國已經簽署了關於鐵路建設的諒解備忘錄，但由於資金和政局不穩定等問題，這項建設一直停滯不前。然而，在烏克蘭戰爭肆虐期間，普丁於 2022 年 5 月 17 日同意開始鐵路建設，[15] 並於同年 6 月 2 日舉行三邊工作小組會議。

除了雙邊關係外，中國也在沒有俄羅斯的情況下新建立其與中亞五國（哈薩克、吉爾吉斯、塔吉克、土庫曼和烏茲別克）外長會議。2020 年 7 月 16 日，在新冠肺炎疫情期間，中國與中亞五國外長會議首次在線上舉行。在 2022 年 5 月第三次會議發表的聯合聲明中，各方同意在政治和外交、貿易和投資、基礎設施和物流、生態和環境保護、水資源和綠色發展、高科技、觀光、人文與衛生等 8 個領域進行合作。

如上所述，由於新冠疫情的影響，中國與中亞國家的貿易額有所減少，但在西方因俄羅斯入侵烏克蘭而撤出中亞的同時，中國反而增加對中亞的投資，且逐漸獲得市場。除了中國的奇瑞汽車（Chery）

---

15 〈中吉烏鐵路為何延宕 25 年？吉爾吉斯坦駐華大使道出緣由〉，《觀察者》，2022 年 6 月 8 日，https://www.guancha.cn/internation/2022_06_08_643675.shtml?s=zwyxgtjbt。

等國有企業的汽車銷量增長外，[16] 在「綠色絲綢之路」和「數字絲綢之路」的口號下，中國企業正在中亞建設水力發電、風力發電等設施，華為、中興、阿里巴巴等民營企業亦正在中亞合作開展 5G 建設和電子商務。除此之外，中國正在增加對中亞的武器出口，並加強在安全領域的參與，包括軍事演習。

二、東南亞

由中國主導的「瀾滄江—湄公河合作」（LMC，以下簡稱瀾湄合作）是加強中國與東南亞關係的重要區域合作框架之一。在中國的領導下，2016 年 3 月建立了由中國、柬埔寨、寮國、緬甸、泰國和越南組成的六國合作框架。瀾湄合作將在政治與安全保障、經濟與永續發展、社會人文三大領域進行合作，優先領域包括互聯互通、生產力、跨國經濟、水資源、農業和消除貧困（3+5）。六國制定了一項《瀾湄合作五年行動計畫（2018-2022）》，並在每個優先領域設立工作小組，以共同努力實現具體的政策目標。

除了這些多邊合作，中國與瀾湄合作國家之間的雙邊合作也在推進中。連接中國和寮國的中寮鐵路於 2021 年 12 月開通，但這只是連接中國和東南亞的基礎建設的一部分，未來，中國正試圖實現建造鐵路經過寮國、泰國和馬來西亞連接新加坡的宏偉計畫（泛亞鐵路的中途道路）。

---

16 Joanna Lillis, "Central Asia: Chinese Cars Race Ahead," October 31, 2022, https://eurasianet.org/central-asia-chinese-cars-race-ahead.

　　不僅各國的中央政府，地方政府也被動員參與瀾湄合作。瀾湄合作國家的地方政府正在數位化轉型和數據技術應用等重要領域展開合作。

　　與瀾湄合作以外國家的合作也在悄然進行。中國正在尋求其「一帶一路」倡議與印尼政府《全球海洋支點》（*Global Maritime Fulcrum*）戰略之間的合作，以產生加乘效果。儘管疫情期間中國實行嚴格的清零政策，但 2021 年中國與印尼的貿易額同比增長 58.6%。[17] 自 2020 年以來，為發展該國的鎳礦精煉產業和電動汽車（EV）電池行業，印尼政府實施了禁止鎳礦出口的政策。增產電動車是中國的一項重要政策，自 2013 年便開始在印尼投資與鎳礦有關的「莫羅瓦利工業園區」（Indonesia Morowali Industrial Park, IMIP），近年來，青山控股集團和中國華友集團也開始在第二個工業園區——「韋達灣工業園區」（Indonesia Weda Bay Industrial Park, IWIP）投資鎳生鐵精煉廠。至於中國「一帶一路」倡議的標誌性專案「雅萬高鐵」（Jakarta-Bandung High-Speed Railway）已於 2023 年 10 月開始商業運營。兩國還確認了在數位經濟、媒體和基礎設施貸款等領域的合作，此外，中國和印尼也在海洋科學研究、環境保護、航行安全、防災、建立海洋信任等領域進行合作。

---

[17] "G20: China and Indonesia to Strengthen 'Strategic Coordination' in Southeast Asia," *South China Morning Post*, November 18, 2022, https://www.scmp.com/news/china/diplomacy/article/3199938/g20-china-and-indonesia-strengthen-strategic-coordination-southeast-asia.

　　中國與東南亞國家關係發展中最大的障礙是南海問題。2017 年開始的《南海行為準則》（COC）談判進展甚微，相關國家在外國是否可以在南海進行軍事演習和開發石油與天然氣，以及《南海行為準則》是否具有法律約束力等問題上存在意見分歧。[18] 近年來，菲律賓與越南和中國在南海問題上的衝突不斷，但中國正試圖透過雙邊談判避免領海問題升級。

　　中共二十大後第一位訪華的外國領導人是越南共產黨總書記阮富仲。兩國發表的聯合聲明呼籲妥善處理在領海問題上的意見分歧，並提議在可以實現合作的領域開展海上合作，例如在北部灣的聯合巡邏。

　　根據 2016 年中菲締結的協定，成立了中菲海警海上合作聯合委員會。根據協議，中國海警船於 2020 年 1 月首次訪問菲律賓。兩國還於 2018 年 11 月簽署了關於共同開發石油和天然氣的諒解備忘錄，中國似乎正在探討菲律賓「以不違反國內法違憲的聯合開發」主張，並研究法國和西班牙之間的聯合開發案（適用於各自國家法律可以有效控制的水域）、芬蘭和挪威之間的揚馬延島（Jan Mayen）個案，以及幾內亞比索和塞內加爾之間關於不同領域適用不同法律（石油開發適用塞內加爾法律，與漁業有關事件受幾內亞法律管轄）等實例。[19] 另外，中國也正積極推動在沒有對抗的領域開展合作。

18　"South China Sea Code of Conduct Harder to Negotiate in More 'Complicated' Situation, Think Tank Says," *South China Morning Post*, November 13, 2022, https://www.scmp.com/news/china/diplomacy/article/3199361/south-china-sea-code-conduct-harder-negotiate-more-complicated-situation-think-tank-says.

19　〈丁鐸：掃除中菲南海油氣合作法律障礙〉，《環球網》，2022 年 11 月 8 日，

中國是菲律賓最大的貿易夥伴，自 2021 年以來，兩國貿易額年均增長 17%。在數位方面，中國的大型私營企業華為公司的 AirPON Solutions，[20] 正與菲律賓主要電信服務提供者 Globe Telecom 合作，並於該國建設光纖網路。

三、非洲

改革開放初期，中國與非洲國家關係雖然暫時倒退，不過自 1990 年代中期以來，中國又開始採取重視非洲的政策。中國是非洲大陸最大的貿易夥伴，2013 年至 2018 年期間，非洲約占其對外援助總額的一半（參見圖 3-2）。

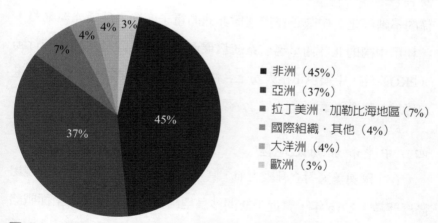

■ 非洲（45%）
■ 亞洲（37%）
■ 拉丁美洲・加勒比海地區（7%）
■ 國際組織・其他（4%）
■ 大洋洲（4%）
■ 歐洲（3%）

圖 3-2　中國對外援助總額中各地區所占比率（2013-2018）

資料來源：《新時代的中非合作》白皮書。

---

https://m.huanqiu.com/article/4ANezbPLTz2。

20 華為的 AirPON Solutions 將幫助電信業者高效構建 FTTH 網路，「部署」無處不在的光纖連接，https://jp.prnasia.com/story/48157-3.shtml。

　　根據 2021 年 11 月發布之《新時代的中非合作》白皮書顯示，中國已經與 21 個非洲國家建立了外交和戰略對話框架，並與 51 個國家成立經貿合作委員會制度。除此之外，地方政府合作論壇自 2012 年開始舉辦，在中非 160 個友好城市當中，有 48 個是 2013 年以來新成立的。中國透過與埃及、南非、肯亞等國議會定期進行政黨之間的交流，並透過政治協商會議成立的中非友好小組，積極開展對非外交。

　　面對國際社會對中非關係如「債務陷阱」等的批評，中國正採用根據國別情況個別交涉解決的方式處理這種情況。2022 年 8 月，在「中非合作論壇」第九次部長級會議上，中方承諾免除 17 個國家的 23 筆無息貸款，並向 17 個國家提供糧食援助。隨著政治和經濟關係的不斷深化，中國正在推進與非洲的電子商務，建設光纖網路，並利用中國的北斗衛星導航系統發展產業合作。除聯合國維和行動（PKO）外，中國也正擴大安全合作，包括中國軍艦在非洲大陸的港口停靠、聯合軍事演習和人力資源培訓等。

四、中東和加勒比地區

　　在中國與美國對立升級之前，其早已對中東和加勒比地區展現出高度興趣。2016 年，習近平訪問沙烏地阿拉伯，兩國建立全面戰略夥伴關係，促使雙邊關係的快速發展。2019 年，沙烏地阿拉伯王儲穆罕默德訪華，與中國簽署了 35 項協定，總額超過 280 億美元，使中國成為沙烏地阿拉伯最大的貿易夥伴。

　　兩國正在透過將中國的「一帶一路」倡議結合沙烏地阿拉伯的

《2030年願景》來同步深化合作。中國外長王毅明確表示，沙烏地阿拉伯在中國的中東外交當中占據「優先地位」，[21] 沙烏地阿拉伯也表示，將在新疆問題上支持中國的立場，兩國正在推進能源、基礎設施、投資和5G等領域的合作。兩國在軍事領域的關係也得到了加強，沙烏地阿拉伯政府表示不排除在軍事領域使用北斗系統的可能性。

另一方面，與沙烏地阿拉伯對立的伊朗和中國之間的關係也有所進展。2021年4月，有報導稱，中國和伊朗簽署了一項價值4,000億美元的25年合作協定。雖然許多細節不詳，但據說該協定是兩國之間的概括性經濟安全協定。

而中國也是伊拉克最大的貿易夥伴。中國在伊拉克投資超過100億美元，主要用於基礎建設、住宅、醫院、學校、港口和能源領域，2021年伊拉克約40%的石油出口到中國，這種經濟關係源於2019年開始的「石油與基礎建設交換合作計畫」（中國在伊拉克建造學校和港口等建設，以換取伊拉克對中國的石油出口）。

與中東另一個重要國家以色列的關係也得到了深化。2017年，中國和以色列建立了「創新全面夥伴關係」。2015年，兩國成立「創新合作聯合委員會」，並制定《中以合作行動計畫（2018-2021）》，並決定在創新、農業和智庫等領域進行合作。在雙邊貿易不斷增長

---

21 〈王毅：中國願與沙特在能源、基建、投資、5G等領域合作取得更多成果〉，《新浪網》，2021年10月18日，https://zx.sina.cn/push/2021-10-18/zx-iktzscyy0263209.d.html。

的同時，中國在以色列的投資集中在基礎建設和半導體等高科技領域。[22] 除此之外，中國國內等地正在建構示範專案，以展示與以色列的合作。隨著中美對抗的升級，2019 年以來，以色列一直在美國的壓力下審查與中國的貿易和投資關係，[23] 目前尚不清楚未來能否在多大程度上推進與中國在半導體領域的合作。

中國亦高度重視鄰近亞洲、歐洲、中東和非洲的土耳其。土耳其身為北約成員國，同時也是上海合作組織的對話夥伴，其以觀察員身分參加了中國、俄羅斯和蒙古舉辦的「東方 2018」演習。2020 年 11 月，兩國締結《相互促進和保護投資協定》，中國華為也以數字絲綢之路為名，與土耳其合作建設 5G。

自 2015 年以來，中國和土耳其之間的關係得到了加強，跨裏海的國際運輸路線之建設是深化兩國關係的主要原因。從中國出發，經過哈薩克、亞塞拜然和喬治亞到達土耳其的貨物輸送路線，也引起了土耳其和其他參與「一帶一路」倡議的國家，如亞塞拜然、喬治亞和哈薩克的興趣。中國也有參加2014年成立的跨裏海委員會。[24] 俄羅斯入侵烏克蘭後，跨裏海國際運輸路線作為連接亞洲和歐洲且不經過俄

---

22 Giulia Interesse, "China-Israel Bilateral Trade and Investment Outlook," *China Briefing*, October 11, 2023, https://www.china-briefing.com/news/china-israel-investments-trade-outlook-belt-and-road-initiative/.

23 "After Years of Blooming Trade, Some See Israel-China Relationship Start to Sour," *The Times of Israel*, August 3, 2022, https://www.timesofisrael.com/after-years-of-blooming-trade-some-see-china-israel-relationship-start-to-sour/.

24 〈跨裏海交通走廊推介會在京舉行〉，《人民網》，2017 年 3 月 1 日，http://world.people.com.cn/n1/2017/0301/c1002-29117034.html。

羅斯的路線因而迅速受到重視。土耳其對這個計畫充滿熱情，中國也因此開始積極推動。

五、太平洋島國

中國自 2006 年左右開始親近太平洋島國，同年 4 月召開「中國—太平洋島國經濟發展合作論壇」部長級會議。2014 年 11 月，習近平以國家主席身分首次訪問斐濟，此後，習近平與太平洋島國的會晤多達 32 次。[25]

2022 年 5 月，中國外長王毅出席在斐濟舉行的第二次「中國—太平洋島國外長會議」，和與會的 10 個太平洋島國締結了 52 項雙邊協定，涉及全球暖化、新冠疫情對策、綠色發展和區域交流等 15 個領域之合作。同年 6 月 1 日，中國發布了《中國關於同太平洋島國相互尊重、共同發展的立場文件》，並提出「一帶一路」倡議和《太平洋島國貿易援助戰略（2020-2025）》，內容包括電子商務和海事合作等。

在斐濟外長會議之前，中國宣布已與索羅門群島簽署了一項全面性安全保障協定。雖然具體內容尚未披露，但如果索羅門群島要求維持社會秩序，中國可能派遣軍隊和警察。[26] 在 2022 年 6 月的外長會議

---

[25] "How China's Presence has Grown in the Pacific in the Past Decade," *The Jakarta Post*, July 12, 2022, https://www.thejakartapost.com/opinion/2022/07/12/how-chinas-presence-has-grown-in-the-pacific-in-the-past-decade.html.

[26] Damien Cave, "Why a Chinese Security Deal in the Pacific Could Ripple through the World," *The New York Times*, April 20, 2022, https://www.nytimes.com/2022/04/20/world/australia/china-solomon-islands-security-pact.html.

上，中國政府試圖與其他島國達成類似的協定，雖然沒有成功，但與索羅門群島達成的協定仍使中國獲得在這些島國之間的海上交通權。

肆、結論

中國的對外政策正在發生重大轉變，雖然這些變化並不是現在才出現的，但 2022 年二十大首次在政府文書中全面展示了習近平政權的對外政策，不過現今的對外政策顯然偏離了改革開放後的全方位外交。習近平政權對外政策的最重要目標是「維護共產黨政權」，這與中國以前一直是「追求經濟發展」的外交政策不同。中國目前的對外政策具有強烈的意識形態色彩，是建立在與俄羅斯合作、與西方先進國家對立之基礎上。在此背景下，中國將其政策優先事項放在全球南方，以擁護開發中國家利益為目標。

習近平政權根據中央政府加強與全球南方國家關係的計畫，動員了國有企業、民營企業和地方政府，而這表明中國的影響力在不同地區的滲透方式不同。在西方先進國家尚未專注於非洲和太平洋島國時期，中國就在此區擴展勢力，而在中亞、中東和加勒比地區，由於地區大國與俄羅斯／美國關係的惡化或蘇聯的衰弱，中國的影響力更加擴大。除此之外，在東南亞，平衡外交的立場導致與中國的關係更加緊密。美國在制定外交政策時優先考量「自由開放的印太地區」、歐洲、美洲和中東，而中國則繼續推進全球南方戰略。由於這些不同的優先事項，美國和中國在包括太平洋島國、東南亞和東亞在內的「自

由開放的印太地區」的權力鬥爭將加劇。

　　中國堅持「不結盟」原則，但是卻透過各種行動計畫和國家間合作委員會與全球南方國家建立關係。儘管尚不清楚未來世界是否會走向陣營化，但這些關係建立的方式表明，中央集權、市場經濟作用較弱的國家，如威權政體，更有可能向中國靠攏。從這個角度來看，未來世界民主主義與威權主義、獨裁政權的鬥爭將更加顯著。

第四章
中國對後冷戰以來全球結構內涵之認知

劉泰廷＊、盧信吉＊＊

＊　中興大學國際政治研究所博士。現任中興大學通識教育中心助理教授、當代中國研究中心執行長、人文社會科學前瞻研究中心國際交流組長。曾任德國杜賓根大學、日本東京大學、美國史汀生中心訪問學者。研究領域爲中國外交政策、兩岸關係、東亞區域安全等。

＊＊　中興大學國際政治研究所博士。現任中興大學國際政治研究所助理教授、日韓總合研究中心執行長、當代日本研究學會秘書長。曾任台灣政治學會財務長、當代日本研究學會監事。研究領域爲地緣政治與國際關係、東亞區域安全、朝鮮半島問題等。

當代國際關係的建立源自於西發里亞體系（Westphalian System），自 1648 年發展至今，從主權到國家以及世界結構的概念，其改變了當時歐洲國家發展的走向，也形塑了當代國際關係。經歷了兩次世界大戰的洗禮，人類重新定義了許多國家概念，並以更精確的形容說明國家如何與國家互動，乃至於與世界互動，因此討論國際關係也必須加入行為者與結構的互動關係。更精確地說，冷戰時期的結束再次挑戰了國際關係中，對於國家行為者應當如何回應全球結構轉變後的當代國際關係，西方國家主導的國際體系再次獲得勝利，讓當代國際社會中扮演區域重要國家的中國寢不安席，如何重新建立對中國有利的全球結構成為當務之急。

壹、「後冷戰」時代的轉變與中國崛起

所謂「二十一世紀是中國人的世紀」（The 21st century would be the Chinese century）這句話，說明西方社會對於邁向未來的某種期許，[1] 或許也成為中國人走向世界的自信。然而，細究英國歷史哲學家湯恩比（Arnold Toynbee）的發言內容，大致上可以將西方社會對於未來的發展區分為兩大趨勢：首先，人類社會將呈現複雜紛亂、極度不安定的狀態；其次，其視野中的未來社會，中國「孔孟學說」與「大

---

[1] Arnold Toynbee and Daisaku Ikeda, "Choose Life: A Dialogue Between Arnold Toynbee & Daisaku Ikeda," *Official Website*, 2007, https://www.daisakuikeda.org/sub/books/books-by-category/dialogues/choose_life.html.

乘佛法」將成為安定社會秩序的關鍵要素。湯恩比觀察社會的結論與現實發展的大相逕庭，雖然讓後代社會有些愕然，但不變的是，中國確實在 1990 年代開始大放異彩。1978 年中共十一屆三中全會將領導人換屆完成，鄧小平時代的來臨讓中國發展進入了新一階段，發展中國經濟與提高生活水準的目標讓中國開展富庶繁榮社會的道路。[2]能夠在國際社會中扮演著關鍵且重要，並具有影響力的角色，成為新一代中國人美好的夢想，而是否符合這樣的發展路徑，對於中國人而言就不是那麼重要了。

必須要強調的是，此處並非反駁「二十一世紀是中國人的世紀」這句世紀預言，相反地，當前社會發展的走向，驗證了本句名言背後對於世界發展的臆測，即社會發展邁入多元且快速、複雜的發展途徑。過去倚靠單一面向或者單一發展模式的優勢不再讓國家行為者享有過多的外溢紅利，例如大航海時代透過海上經濟貿易的掌控，進而成為占據地球每一個角落之某種「日不落國」的巨型國家已成追憶。當前國際社會中即便具備發展優勢的國家，都可能隨時因為某些外部連結的改變而難以長久掌控，例如一個複雜的網路科技，日新月異推演出新的全球連結型態而讓傳統掌控一切資訊的國家機器難以運作，2011 年「阿拉伯之春」的現象一舉打破傳統地緣政治的界限，進而改變既有政權轉變的案例，在邁入千禧年後比比皆是。

2　劉旭東，〈鄧小平的治國理念與治國政策〉，《中國共產黨新聞網》，2013年 9 月 18 日，http://theory.people.com.cn/BIG5/n/2013/0918/c40537-22961471.html。

　　然而，與過去不同的是，造成國際社會改變的不僅僅是單一國家行為者、單一社會發展趨勢的改變而已，另有以全球為發展範疇的趨勢正在形成中，其透過成本比較，並藉由經濟貿易的方式打破國家疆界成為一種動力，推進所有國際社會參與者的參與，讓全球結構在後冷戰時代發展出一個世代的特徵。「全球化」（Globalization）成為一種東西方國家行為者嘗試跨越藩籬的一個最佳途徑，包含全球化即國際化、全球化即自由化、全球化即世界化、全球化即西化／現代化等不同階段的發展。[3] 如此，全球化成為一個可以跨越政治歧見的新方式，讓後冷戰世代真正結束，邁向新的世代。

　　「全球化」蔚為風潮後，成為各國社會一致性現象的代名詞，也成為中國在後冷戰解除政治對峙後向外發展的一片沃土。雖然中國並非透過「孔孟學說」與「大乘佛法」為途徑而再次加入國際社會的體系，但全球化對於世界舞台上重要行為者的接納速度超乎想像，一個在後冷戰時期發生違反西方國際社會對於人權信條事件的國家，在全球化世代下被接納且成為世界貿易體系的成員，[4] 顯然不切實際，但卻又鐵錚錚地成為歷史，這是後冷戰之後最大的價值矛盾，卻也應驗湯恩比的部分預言：21 世紀「初」成為中國人的世紀。

---

[3] Jan Aart Scholte, "What Is Globalization? The Definitional Issue – Again," *CSGR Working Paper*, No. 109/02 (2002), pp. 8-13.

[4] 中國於 2001 年 12 月 11 日成為世界貿易組織成員。

貳、世界「一體化」下的中國認知與意涵

　　世界貿易組織（World Trade Organization, WTO）成立於 1995 年
1 月 1 日，目的在於「確保進出口貿易順利流通，降低經濟貿易的不
確定性」，[5]為當代最重要的國際貿易組織，透過會員國之間制定貿易
規則，並監督會員國對貿易規則的落實，致使國際貿易有跡可循。從
這類型國際組織或貿易條款的制定與成立初衷來說，顯示在當時的時
空背景下，人們更在意「經濟面向」的事物大於「政治面向」，除了
是對於過去時代的反動以外，也是人類回應過去發展現狀的反思。

　　後冷戰世代不願意再與傳統國家安全包攬一切事物的概念連結，
轉向創造新詞彙、新現象、新詮釋來認知當代國際社會的現況，並積
極打造一個過去不曾有的新世界與新制度，「千禧年」的繁榮盛況成
為 2000 年前後世界發展的頂尖狀態的代名詞，也與過去冷戰時期的
國際社會正式道別。經過 10 年草創期間的發展，全球化將國際社會
塑造成一種接近無國家邊界、無單一國家內政／外交政策，或者在
地發展必須配合全球脈絡的模式，雖然期間受到一些輕微的抵抗，
不過「反全球化運動」（Anti-globalization Movement）終究不敵龐大
的全球貿易利潤與成果。在 2001 年中國加入 WTO 後，短短 13 年時
間，國際貿易總額從 2001 年的 5,098 億美元上升到 2014 年前三季度
的 31,626 億美元，成為世界上第一大出口國和第二大進口國；人均
GDP 從 2001 年的 1,038 美元上升到了 2013 年的 6,767 美元。中國的

5　WTO, https://www.wto.org/.

經濟規模於此時躍居世界第二，成為「中國崛起」的實質證明。

中國「入世」後，其占世界經濟的比重從 2001 年的 4% 增加到 2020 年的 17.4%，占全球貿易的比例也從 2001 年的 4% 增加到 2020 年的 13%，中國成為「世界工廠」支援著世界的貿易體系，成為許多國家的最大貿易夥伴，其對外貿易額增長了 8 倍多，超過美國成為世界第一大貿易國，說明了中國對於世界貿易體系的重要性，也成為中國改變全球結構的契機。中國連接世界是一個綜合面向的成就，當然也成為了中國檢證國際社會發展與權力結構演變的主要途徑。

2000 年著名的美國政治經濟學者柯漢（Robert Keohane）就曾對當代的全球化下了註解：「不論全球化程度如何地加深與加廣，實際上距離真正的全球化仍然非常遙遠。」[6] 換句話說，一旦與全球化脈絡連結上後，就可能因為全球便捷而更擴大與全球化現象的接觸，進而形成一個更大範圍的全球化脈絡，與交通建設永遠無法滿足交通使用者的需求一樣，只能在當下的認知範圍內尋求一個最佳解，一旦度過某一個階段後，則又需要滿足下一個階段的認知範圍與最佳解，永遠無法存在一個完美答案，而在人類生活中成為一個無解的困境。只是，在沒有完美選項之前，人類仍追尋完美狀態的堅持，讓全球化在不同領域中滿足不同需求的狀態下，成為了柯漢所形容的「局部全球化世界」（Partially Globalized World）。一個將制度、目標推展到占

---

6 Robert Keohane, "Governance in a Partially Globalized World: Presidential Address, American Political Science Association, 2000," *American Political Science Review*, Vol. 95, No. 1 (2001), pp. 1-13.

有世界貿易額 98% 的國際組織，能夠做到的就是透過制度的調整，將會員國之間貿易的障礙掃除，至少可以讓貿易的制度一致成為世界一體的一部分。2000 年後中國開始將「全球化」與「世界一體化」的概念連結，成為中國建構後冷戰時代下全球結構認知的階段性最佳解。

　　中國用語中的「一體化」，是一個多層次、意涵、內容代表的用語，[7] 也是當代中國邁向世界舞台的快速捷徑，畢竟以一個用語涵蓋國家行為者與世界舞台之間各式的互動模式的歷史不曾發生過，而中國在 1990 年代透過這樣的發展模式躍然成為世界大國的機運，更是「中國世紀」來臨前聞所未聞的存在。如前文所述，全球化或許難以完全描述中國與西方社會的連結，究竟是國際化、自由化、世界化或是西化，乃至於現代化，但可以肯定的是，中國僅僅選擇與西方社會透過經濟面進行制度上的「一致性」調整，也因此西方社會期許其他面向的改變並未發生，例如政治制度上的民主化在這龐大的國家機器控制下就未能如西方國家所願。相反地，中國透過國家有序的經濟發展政策，將龐大的經濟動能交換至國際社會，中國對於世界經濟的挹注成為當代國際結構轉變的關鍵，也讓中國認知到「局部一體化」可能才是中國在這樣的結構中能夠獲得最大利益的方式，也讓中國更為

---

[7]　包含有「整合區域發展一體化」（regional integration）的概念、「上下階層發展差異」的概念，如一體化（unification）和同質化（homogenization）、「認同後改變認同的經濟／文化一體化」（Cultural Globalization）等不同概念合用的詞彙。

堅持必須透過國內嚴格的控制國家發展進程，才能避免中國被西方社會「一體化」，2000年前後擔任中國領導人的江澤民與胡錦濤，都堅持「中國特色社會主義」的說法，將中國主體性牢牢抓住，也回應了對於全球結構下國家角色的判斷，中國明確地訂定了自我的認知與意涵。然而，與此同時國際社會又遭受到另外一個重大轉折，讓國家行為者必須同時省視國家在全球結構內，究竟應當以何種姿態來回應當前的挑戰才能全身而退。

參、九一一「恐怖攻擊」事件對中國世界觀的影響

2001年9月11日，美國遭受恐怖攻擊，位於紐約曼哈頓的世界貿易中心在兩架飛機猛烈地撞擊下應聲而倒，造成數千人傷亡，同時也為美國和世界各國帶來巨大的震撼。國際恐怖主義的陰影頓時籠罩全球，而美國接續在阿富汗和伊拉克兩地展開的「反恐戰爭」，則把國際關係帶往新方向。

恐怖主義不是新鮮事，其係不對稱作戰的一種手段。就某個角度而言，相較恐怖主義本身，九一一事件對世人所帶來的心理衝擊，更值得關注。在電視螢幕不斷播放飛機撞進世界貿易中心、民眾倉皇逃難的畫面下，除了恐懼以外，各國政府或許也開始出現質疑——美國是否還是所向披靡的霸權或超強？而對於崛起中的中國來說，九一一事件帶來許多重要啟示。

首先，恐怖攻擊突顯美國的地位已開始鬆動，國際關係將邁向

新局勢。恐怖攻擊突顯的是某種不滿情緒的爆發，也暗示在國際社會中，美國不再受到各國絕對地歡迎或簇擁，所謂的「單極時刻」（unipolar moment）將在九一一事件後劃下句點。[8] 對北京而言，美國在冷戰後的 10 年以霸權之姿領導全球，其實在某種程度上是德不配位，因為其長期打壓包括中國在內的異己國家，顯示出美國口惠不實，不尊重國際社會民主和多元的本質。不久前，美國轟炸中國駐塞爾維亞大使館，以及兩國在南海上空發生軍機擦撞，就中國的角度而言，美國處理事件的表現並不完全誠懇。九一一事件指向美國霸權衰退的開端，取而代之的將是其他國家的崛起，國際社會將朝更為平等的方向發展。[9]

其次，國際恐怖主義將成為未來國際關係的關鍵因素，因此中國必須引美國的例子為戒，投注心力在防堵恐怖主義勢力上。在九一一事件爆發的幾年前，中國已和俄羅斯、哈薩克、吉爾吉斯和塔吉克組成「上海五國」（Shanghai Five），共同就邊境和領土安全問題進行討論。2001 年 6 月，上海合作組織正式成立，成為第一個由中國主導的多邊合作機制。此舉不僅把中國的影響力帶進歐亞大陸，使中國成為大陸上的一股新勢力，也進一步為「走出去戰略」提供安全上的

8　Christopher Layne, "The Unipolar Illusion Revisited: The Coming End of the United States' Unipolar Moment," *International Security*, Vol. 31, No. 2 (2006), pp. 7-41.

9　Randall Schweller and Xiaoyu Pu, "After Unipolarity: China's Visions of International Order in an Era of US Decline," *International Security*, Vol. 36, No. 1 (2011), pp. 41-72.

助益。儘管部分觀察家認為，美軍進入阿富汗為區域安全注入一股穩定的力量，[10] 但就某個角度而言，可能穿過邊界、藏匿於巴基斯坦、塔吉克和烏茲別克等地的恐怖主義分子，為中亞地區帶來許多不安，其更可能與中國邊疆地區的分裂勢力串連，共同顛覆中國。有鑑於以上挑戰，中國把上海合作組織的合作定調為「打擊恐怖主義、分裂主義和極端主義」，並持續與夥伴國家進行定期反恐演習。

就地緣政治而言，美國啟動反恐戰爭，意味著其戰略重心將轉移至中東地區，短時間內將無心關注其他區域。1995 年至 1996 年的台海危機，觸發美國再次派遣第七艦隊穿越台灣海峽，也讓美中台關係一度占據國際社會的目光。所謂的「中國威脅論」，在危機後的數年間達到頂點，對於持續發展中的中國來說極其不利，同時引發關於美國將戰略重心置於東亞地區的憂慮。所幸九一一事件帶來了嚴重干擾，讓中國獲得喘息空間，得以持續落實鄧小平所謂的「韜光養晦」路線，堅持透過經濟發展提升中國的國際地位。在 1992 年，中國的經濟成長率來到 14.3%，亮眼的數字引起關於「中國崛起」的熱烈討論。儘管至世紀之交，中國的經濟成長率降至 8.4%，各方觀察者對於「每十年翻一番」的中國經濟仍有高度期待，甚至展望中國追趕美國，未來有朝一日佇立於大國之林。

在 2001 年 12 月中國正式加入世界貿易組織之後，2002 年 11 月，

---

10 Steven Simon and Jonathan Stevenson, "Afghanistan: How Much is Enough?" *Survival*, Vol. 51, No. 5 (2009), pp. 47-67.

中共十六大將新世紀的頭 10 年視為「中國必須緊緊抓住並且可以大有作為的重要戰略機遇期」。就國際體系的角度來說，中國進入了世界經濟體系，並可望在 20 年內穩健地提升影響力和地位。然而若要在 20 年內和包括美國在內的其他大國平起平坐，則中國首先需要一個安全的周邊環境供其專注於經濟發展，其次需要持續韜光養晦，等待適合嶄露頭角的時機到來。美國把目光投向中東地區，正好抒解中國在西太平洋地區面對的戰略壓力，中國不僅不需要和美國正面交鋒，也可以在美國降低對東亞地區關注的同時，試著改善及強化和周邊國家的關係。例如中國和東南亞國協於 1996 年建立對話夥伴關係，更於 2002 年簽署經濟合作架構協定，即是中國在周邊地區擴張的實例。

有鑑於前述種種考量和作為，對比美國再次透過軍事行動展現霸權地位，中國實際上獲得難得的機會為自身的崛起進行辯解，降低來自各方的疑慮。換言之，反恐戰爭提供契機，讓中國能回應來自威脅論的挑戰。而自 2003 年 11 月，中共中央黨校前副校長鄭必堅在博鰲亞洲論壇上以「中國的和平崛起」發表演說以來，中國領導人便不斷地在不同的公開場合說明中國崛起的內涵。[11] 由此可見，除了國際恐怖主義威脅之外，中國崛起對全球結構帶來的影響，至少對北京來說，是新世紀最重要的兩個課題。由於後者牽涉中國，北京需反覆

---

[11] 蕭全政，〈論中共的和平崛起〉，《政治科學論叢》，第 22 期（2004 年），頁 1-4。

地透過言論和作為進行辯護，以讓中國能融入和塑造一個有利於發展的國際環境。或許可以說，九一一事件使全球在世紀之初籠罩在恐怖主義的陰影下，進而改變地緣政治的內涵。美國霸權開始出現衰退的跡象，而中國則在崛起中，一升一降似為未來國際關係的走向埋下伏筆。

肆、「自由國際秩序」變遷和中國的回應

隨著美國歐巴馬政府於 2008 年上台，美中兩強競爭的格局逐漸在國際關係中轉為明顯。儘管歐巴馬的競選口號「改變」主要指向美國國內需要改革，但在外交政策上，歐巴馬也帶來了一些改變。在歐巴馬任內，華盛頓進行「轉向亞洲」（Pivot to Asia）的戰略調整，把戰略重心拉到西太平洋地區，並強調美國作為「亞太國家」，其將開展新關係和加強與區域內夥伴之間的合作。[12] 歐巴馬政府的論述和幾年前胡錦濤政府的論述有部分相似之處，在爭取亞洲國家的支持上，形成美中之間在戰略上的競爭關係。隨著美國加強與東協國家的關係，並在南海地區強調自由航行的概念，以及在亞太地區啟動《跨太平洋夥伴關係協定》（*Trans-Pacific Partnership*, TPP）談判，兩者皆突顯美國有意反制中國持續擴張的影響力。在美國的戰略轉向下，美中兩國走向較勁的態勢漸漸地明朗化。

---

[12] Hillary Clinton, "America's Pacific Century," *Foreign Policy*, Issue 189 (2011), pp. 56-63.

　　而有趣的是，2016 年繼任歐巴馬的川普政府，並未對中國展開外交休兵，反而延續了前任政府的外交路線，對中國變本加厲地進行反制或「再平衡」。川普在上任後，旋即提出「印太戰略」，並把印度設定為加強合作的對象，引發關於華盛頓聯手印太地區夥伴國家，在地緣政治上共同封鎖中國的聯想。[13] 川普政府不僅繼續在南海地區提倡自由航行，更恢復了「四方安全對話」（Quadrilateral Security Dialogue, QUAD），加強與澳洲、日本和印度等區域盟友之間的安全合作。另一方面，川普政府在 2018 年對中國出手，啟動貿易戰，進一步升高兩國的緊張關係。面對美國的攻勢，北京也予以回擊，不僅對美國商品提高關稅，同時也在南海地區建造島礁和進行灰色地帶行動，宣示中國在南海的主權。對中國來說，華盛頓的作為正好突顯美國已衰退，而中國正在拉近和美國之間的差距，因此美國想要阻撓中國的發展。

　　就宏觀的角度而言，誠如米爾斯海默（John Mearsheimer）在《大幻象：自由主義之夢與國際政治現實》一書中所指出，二戰後由美國所打造的自由國際秩序（liberal international order）已然崩解。[14] 美國在川普政府的領導下，許多作為皆證實了米爾斯海默的論述，例如川普甫上任不久後，即透過行政命令將美國退出 TPP，並在 2017 年接

---

[13] U.S. Department of State, "A Free and Open Indo-Pacific: Advancing a Shared Vision," *U.S. Department of State*, November 4, 2019, https://www.state.gov/wp-content/uploads/2019/11/Free-and-Open-Indo-Pacific-4Nov2019.pdf.

[14] 米爾斯海默（John Mearsheimer），《大幻象：自由主義之夢與國際政治現實》，盧靜譯（台北：八旗文化，2022 年）。

續退出巴黎協定，這些作爲突顯美國似乎不再支持支撐自由國際秩序的多邊主義。此外，川普政府也和鄰國加拿大和墨西哥重啓《北美自由貿易協定》（NAFTA）談判，希望矯正貿易失衡的情形，同時也和大西洋和太平洋彼端的盟友重啓經濟協商。就某種角度而言，美國一系列的舉動爲中國帶來新的契機，讓中國有機會在國際上採取和美國大相逕庭的作爲，成爲自由國際秩序的守護者。儘管中國不盡然接受當前秩序的所有部分，但透過維護自由國際秩序，中國不僅可消弭威脅論的聲浪，同時也可以在國際社會中建立更多的友誼，提升自身的大國形象。

除了繼續支持巴黎協定和區域整合以外，[15] 中國也持續在歐亞大陸推動「帶路倡議」。所謂帶路倡議，係習近平於 2013 年提出的跨歐亞整合計畫，旨在透過鐵路、高速公路、機場和港口等基礎建設的修築和增建，連結「絲綢之路經濟帶」和「21 世紀海上絲綢之路」沿線上的 64 個國家，共同組成史無前例的跨洲市場。相較美國於 2016 年退出 TPP，中國推進帶路倡議與之形成強烈對比。配合帶路倡議的推動，中國也於 2015 年成立亞洲基礎設施投資銀行（Asian Infrastructure Investment Bank, AIIB），爲國際發展增添一個新的多邊制度。就某種角度來說，透過帶路倡議和亞洲基礎設施投資銀行，中國嘗試提升自由國際秩序的多元性和開發中國家的話語權及影響力。

---

[15] 中國於 2020 年 11 月和其他 14 個國家共同加入《區域全面經濟夥伴協定》（RCEP），也在 2022 年 9 月宣布申請加入《跨太平洋夥伴全面進步協定》（CPTPP）。

此舉突顯中國已經有足夠的能量影響國際體系，而就戰略意義而言，中國似開始從「韜光養晦」轉向「漸露鋒芒」，嘗試在國際社會中扮演更重要的角色。

呼應帶路倡議，中國亦針對數位建設、環境和公共衛生等非傳統安全領域推出絲路倡議，其中包括「數位絲路」、「綠色絲路」和「健康絲路」等。儘管部分國家對於中國的企圖有所疑慮，北京在新興議題上的投入，仍可視為對於相關發展議題和自由國際秩序之回應。面對世界未來的發展，中國自 2021 年起，陸續提出全球發展倡議、全球安全倡議和全球文明倡議，並以之作為中國和世界互動的新方針，同時也試圖建立一套具有中國特色的新領導論述。[16] 有別於自由國際秩序所強調的自由、民主和開放等價值觀，中國更強調解決安全問題、推動永續發展和繁榮，以及落實人與人交流等具體和務實價值。中國很大程度地淡化新論述中的自由主義色彩，以之與傳統論述作區隔，並同時繼續支持多邊主義，包括聯合國和世界貿易組織等制度。

對中國來說，新冠疫情的爆發帶來嚴重挑戰。由於最早被國際媒體揭露的病例來自中國境內，中國頓時成為眾矢之的，也再次激起關於威脅論的討論。在川普總統和部分觀察者煽動下，疫情演變為中國問題，進而引起其他政治和經濟上的連結，並激起價值觀對立的爭

---

16 吳志成，〈攜手推動三大全球倡議落地走實引領人類發展邁向光明未來〉，《人民網》，2023 年 9 月 12 日，http://theory.people.com.cn/BIG5/n1/2023/0912/c40531-40075578.html。

論。美中之間的競爭不只是兩強的針鋒相對，其提供一個牽動國際關係發展的架構，影響其他國家的外交和安全政策。「新冷戰」一詞在美中關係緊張的情形下出現，用以形容兩強雖然沒有直接衝突，但實際上處與水火不容、互動有限的雙邊關係。在新冷戰的背景下，美中兩強展開了新一輪的競逐，在南海、台海、南太平洋和歐洲等地，皆可察覺兩國之間的明爭暗鬥，而 2022 年爆發的俄烏戰爭則為新冷戰再增添變數。

伍、結論

與過去的中國不同，透過軍事力量積累厚實的國家基礎，而後以朝貢互利的體系吸引周遭國家的認同，已經不再是當代中國說服區域內行為者的方式；後冷戰之後，中國期許能夠在區域內擁有更多影響力，並建構全球結構下的角色，更多地是依賴當代科技，並將國家力量對內控制的成果往外輸出到全球結構當中，讓一個與當代全球結構價值格格不入的社會主義國家能夠存活壯大至今，這是西方國家社會難以狡飾的問題。當然，考量國家存在需求面向的多元化，這也不僅是西方國家的原罪，同時也是人類尚未辯證出最完美價值的結果。中國巧妙地在全球化脈絡再次興起的戰略機遇期，建構了一個能夠孵育中國龐大人口，乃至於滿足世界需求的經濟網絡，是中國特色能夠再次呈現於世界舞台的關鍵，同時也是中國社會主義能夠繼續存在於國際社會的證明。

　　然而，與過去冷戰對峙格局類似的美中競爭再次迫近中國，也成為後冷戰以來全球結構內霸權國家對於崛起中國家挑戰的經典。九一一恐怖攻擊事件加速了中國與全球結構下軍事面向的連結，透過反恐口號取得國家對外發展的正當性，和平崛起的論述再次如同儒家文化一般說服了西方國家、社會與人民，一旦相關的威脅消失後，霸權國家就再次將眼光轉向中國，歐巴馬政府與川普政府施加在中國的壓力不因政府換屆而消除，更因為中國發展成果豐碩轉而形成美國龐大的外部壓力，從而使「讓美國再次偉大」深得美國人民之心，1980年的雷根（Ronald Reagan）與 2016 年的川普都因此入主白宮，而這也是霸權國家為了維持國家認同的最後一個機會。因此，建立一個美國外部敵人形象的需求，讓中國成為眾矢之的，進而重新建構全球結構內霸權國家的地位乃是當代美國的要務。只是短時間內美國對於世界結構秩序主張的轉變，或許讓部分自由民主的信眾感到疑惑，但也同時成為「局部新世界秩序」的見證者。

　　與之相反，中國雖然透過和平崛起、帶路倡議，乃至於新中國特色的領導論述，塑造中國無意稱霸世界的形象，但其與周遭國家認知上的差異，還是讓中國希望建構一個有利其發展的全球結構倡議受到極大挑戰。包含當前對於帶路倡議的質疑，甚至歐盟對於中國貿易的限制，以及對其他多項領土議題的挑戰，都是中國無法挺直腰背立身於全球結構的最大關鍵。對於中國而言，全球化的戰略機遇期已經過去，在更為多元的非傳統安全挑戰上，國家或將重新扮演更為吃重的角色，包含艱難的疫病防治以及全球永續發展困局，在需要更多的辯

證以及理解的狀況下，寡頭政權是否能夠較為精確地回應挑戰，或許還需要觀察。

　　後冷戰以來，全球結構的建構一向依靠霸權國家，也就是美國。然而，任何一個美國以外的國家行為者都期許自己能夠將這樣的結構取而代之，起碼在局部的結構中扮演區域內的霸權國，逐步厚實國家實力。否則，在其他霸權體系必須服膺霸權國的價值及其規則的情況下，國家發展將受到一定限制。中國對應世界的觀念並非一成不變，更多的是在因時制宜上不得以的轉變，後冷戰以來中國在經濟發展上獲得世界的認同，然而政治主張與軍事活動上卻沒有辦法說服當前體系的情況下，其能夠發揮的空間必然有限，或許這是中國當前外交關係無法突破的關鍵，也是中國必須思考在自我價值的實踐上，以及現實的權力互動關係中孰為輕重。中國對於全球結構的認知固然有其特殊性，但說服其他國家行為者顯然也很重要，或許是當代外交關係領域再次注重「認知作戰」的主要原因。

第五章
權力轉移論與修昔底德陷阱論視角下的中國

唐欣偉*

---

* 美國克萊蒙研究大學政治學博士。現任台灣大學政治系副教授。研究領域爲中國對外政策、國際政治史、古希臘與印度現實主義等。

壹、前言

　　當中國崛起的態勢變得愈來愈明顯後，在小布希總統任內特別關注西亞與北非的美國，於歐巴馬總統任內逐漸將焦點轉向東亞。究竟較 20 世紀時更強大的中國，會對東亞乃至於全球局勢造成什麼影響？若以美蘇冷戰時期居學界主流地位的現實主義權力平衡論為依據，中國將能與一度獨霸的美國形成均勢，在 21 世紀重建和平穩定的兩極系統。若以反對權力平衡論的權力轉移論為依據，那麼當中國實力趕上美國時，雙方爆發戰爭的可能性將大增。事實上，即使在理論層面擁護兩極穩定平衡論的美國現實主義者，也主張阻止中國成長，並預測中國實力增長後將會與美國衝突，[1] 這樣的預測其實和權力轉移論者一致。

　　權力轉移論的創始人奧根斯基（A. F. K. Organski）在 1958 年版《世界政治》（*World Politics*）的第十一章中，介紹盛行的權力平衡論並加以駁斥，然後在第十二章提出了權力轉移論，強調工業化對權力增長的重要性。在其歷史敘事中，於 18 世紀首先開始工業革命的英國，趕超並擊敗了原本比它更強的法國後，成為歐洲乃至於世界的主導國。人口眾多的美國與德國在 19 世紀開始工業化，實力大增，形成對英國的挑戰。美國和平地超越了英國，而德國在 20 世紀前半趕超英國的過程中發起兩次世界大戰，但是被英美等國聯手擊敗。美

---

[1]　John J. Mearsheimer, *The Tragedy of Great Power Politics* (New York: Norton, 2001), pp. 338, 402.

國成爲新的世界主導者，面對俄國與中國的挑戰，美國採用禁運等方式以減緩俄中工業化的速度。[2]

　　早在中國剛開始實施大躍進並提出「超英趕美」口號，人均 GDP 還遠低於諸多亞非國家時，奧根斯基就聲稱「中國而非俄國才是對西方優勢的最大威脅，如此挑戰者的崛起幾乎一定會導致大戰」；「中國會超越俄國與美國。美國希望中國不能工業化、淹沒在過剩人口中、溺於傳統而拒斥工業化的社會後果、迅速崩潰，這些都是一廂情願的夢想，……中國成爲首強只是時間問題」。[3]這在當時是非常大膽的預測，[4]而權力轉移論者在 2000 年時重申 1958 年的主張，認爲中國若未分裂，終將成爲世上最大經濟體。[5]

　　奧根斯基指出，人口規模、經濟水準與政治效能是決定國力的三大要素，其中人口最爲重要，中國即憑藉龐大人口得以名列五強之一。[6]中國的政治制度已現代化，而後得以有效率地工業化，提升經濟水準。[7]由於中國的人口數量多年來都居世界第一位，自然擁有巨大潛力。在中國工業化提升國力，趕超先行工業化的世界第一強權美國

[2]　A. F. K. Organski, *World Politics* (New York: Alfred A. Knoff, 1958), pp. 271-338.

[3]　Ibid., pp. 322-323, 446.

[4]　在奧根斯基提出此預測後，仍有主流經濟學者持續預測蘇聯經濟將會超越美國，而在國際政治學界最具影響力的理論家們，直到 20 世紀末都不重視中國。

[5]　Ronald Tammen et al., *Power Transitions: Strategies for the 21st Century* (New York: Chatham House Publishers, 2000), p. 18.

[6]　A. F. K. Organski, *World Politics* (1958), p. 204.

[7]　Ibid., pp. 197, 211.

時，若對美國主導的國際秩序不滿，就很可能爆發大戰，如同從前德國趕超英國的情形一樣。[8]

權力轉移論完全針對現狀主導國與崛起強權間的關係加以探討，發展成精密理論模式，比其他同樣重視權力的現實主義理論更專注於權力分配如何改變，以及改變的過程所產生的影響，在「中國崛起」的聲勢中受到極大注目，[9]後來出現的「修昔底德陷阱」，可說是權力轉移論的另一種表述方式。以下就從權力轉移論框架出發，對中國進行評估。

貳、對中國國力的評估

奧根斯基將國家目標分為權力、財富、文化福祉與和平這四類。[10]由於美國共和黨的川普政府與民主黨的拜登政府都已公開將美中關係界定為競爭關係，在此就只聚焦於與他國之間較具競爭性的權力與財富這兩項目標。前已述及奧根斯基重視的國家權力要素，包含人口規模、政治效能、經濟水準這三者，而他起初採用的權力指標則是國民收入，可用人口規模與經濟水準的乘積計算，其實也就相當於財富。至於政治效能也與經濟水準正相關。[11]因此，權力與財富這兩

8　Ibid., pp. 322-323, 328-329.

9　吳玉山，〈權力轉移理論：悲劇預言？〉，收於包宗和主編，《國際關係理論》（台北：五南圖書，2011 年），頁 389、405。

10　A. F. K. Organski, *World Politics* (1958), pp. 56, 76.

11　Ibid., pp. 202-203；其後類似論述請見 Ronald Tammen et al., *Power Transitions:*

項目標雖在概念上不同，實際上卻關係密切。對權力轉移論者而言，權力與財富都是國家追求的主要目標，而增加人口與提升經濟水準則有助於達成目標。

「假如對共產主義系統的理解正確，中國會付出巨大的人命代價達成目標。我們猜測在 40 年至 50 年之間，中國會成爲工業國家，也就是農業就業人口降到總數的一半以下。」[12] 奧根斯基預測的時間範圍在 1998 年至 2008 年間，而中國非農就業人口占比於 2000 年降到 50%，[13] 與預測相符。

在 1949 年時，全球國民收入最高的前 10 個國家依序爲美國、蘇聯、英國、法國、印度、西德、中國、加拿大、義大利、日本。其中美國的數值約爲 2,168 億美元、英國約 389 億美元，而中國則將近 124 億美元。[14] 儘管奧根斯基並沒有這樣設想，但我們若假定英美收入自 1950 年起的年均複合增長率皆爲 3%，同時中國的增長率爲 6%，那麼中國會自 1989 年起超越英國、2049 年起超越美國。

當 1968 年《世界政治》第二版問世時，文化大革命已然爆發。然奧根斯基基本上仍維持 10 年前對中國的宏觀預測，認爲只要中國

Strategies for the 21st Century, p. 8.

[12] A. F. K. Organski, *World Politics* (1958), p. 447.

[13] 錢敏澤，〈非農就業比率與城市化水平關係的比較研究〉，《經濟理論與經濟管理》，第 8 期（2001 年），頁 24-28；樊傑、田明，〈中國城市化與非農化水準的相關分析及省際差異〉，《地理科學》，第 23 卷第 6 期（2003 年），頁 641-648。

[14] A. F. K. Organski, *World Politics* (1958), p. 208.

成功地從該政治亂局中恢復，其後數十年的增長將極為可觀；中國成為現代國家的時間會比絕大多數西方人預期的早，但晚於中共創始人們的預測，或許在 21 世紀到來。[15]

在《世界政治》第二版中，奧根斯基將國力指標從國民收入改為 GNP，並列出 1965 年時 GNP 最高的 10 國，這 10 國也是 1949 年國民收入最高的 10 國，其中美國與蘇聯仍穩居前兩名，但印度變成第 10 名，而中國的排名則向上提升了一位。美國的數值為 6,445 億美元、英國為 908 億美元、中國為 810 億美元。[16] 這意味著在文革爆發前，中國一度已接近超越英國的目標。若以 1965 年的 GNP 為基礎，再如前假設英美年均複合成長 3%、中國成長 6%，那麼中國將於 1969 年超越英國、2039 年超越美國。如此，中國超越英國的時點比先前估計的更早。

中國在大躍進開始時宣稱要在 15 年內趕上英國，「以鋼為綱」，採用的具體指標不是國民收入或 GNP，而是鋼鐵產量。奧根斯基在《世界政治》第二版中試圖勾勒 18 世紀、19 世紀主要國家權力變遷時，也因缺乏 GNP 數據而以生鐵產量作為替代指標。[17] 由於中國在 1960 年代鋼鐵產量曾出現下滑現象，所以實際上在 1975 年才首次超越英國，拉鋸至 1977 年，而後逐漸拉大領先英國的幅度，並於

---

[15] A. F. K. Organski, *World Politics* (Second Edition, New York: Alfred A. Knoff, 1968), pp. 485-487.

[16] Ibid., pp. 208-210.

[17] Ibid., p. 358.

1993 年超越美國。截至 2016 年，中國鋼鐵年產量為美國的 10 倍以上、英國的 100 倍以上。[18] 我們可以主張 1990 年代以降的鋼鐵產量，對國力的重要性已不如往昔，不可能據此聲稱中國的力量已超過美國 10 倍，不過仍可作為中國崛起或工業化的參考指標之一。

　　1990 年代以後的權力轉移論者，改用購買力平價調整後的國內生產總值（GDP PPP）作為國力指標；提出「修昔底德陷阱」一詞的艾利森（Graham Allison）也用該指標來比較中美力量的消長。他們都指出，中國的 GDP PPP 於 2010 年代中超越美國。[19]

　　不過這樣一來就引發了一個問題：為什麼中國沒有像從前趕上英國時的德國一樣挑起大戰，而像從前美國趕超英國時一樣和平呢？或許是因為中國在本質上就不像德國這樣的西方國家好戰？還是權力轉移論本身有錯？權力轉移論者提出其他解釋，其中一種解釋是：GDP PPP 只是近似但非完美的國力指標，所以中國在 2010 年代還未趕上美國。

　　如前所述，權力轉移論者將政治效能與人口規模、經濟水準並列為三大國力要素。由於政治效能遠比另外兩個要素更難量化，而且

---

[18] COW project.

[19] Ronald Tammen et al., *Power Transitions: Strategies for the 21st Century*, p. 155; Douglas Lemke, *Regions and War* (New York: Cambridge University Press, 2002), p. 99; Zeng et al., "A Chinese Century: A Stable or Unstable World?" in Fulvio Attinà and Yi Feng eds., *China and World Politics in Transition: How China Transforms the World Political Order* (Cham, Switzerland: Springer, 2003), pp. 35-36, 41; Graham Allison, *Destined for War: Can America and China Escape Thucydides's Trap?* (New York: Houghton Mifflin Harcourt, 2017), pp. 6-12.

它與經濟水準有一定程度的正向關聯，所以權力轉移論者在經驗研究中常常只使用反映了人口與經濟的指標。該指標適用於比較已開發國家的權力，不過忽略了政治因素會導致衡量開發中國家權力時出現誤差。[20] 早先的權力轉移論者採用相對政治績效指標，但最新的選項是絕對政治績效指標，包含政治汲取能力和預期壽命，其中前者反映的是對政治系統的輸入，後者則是政治系統的輸出。將 GDP PPP 乘上該絕對政治績效指標後，可以得知中國趕上美國的時間是 2020 年。[21] 然而這對解決前述問題並沒有太大幫助，事實上，權力轉移論者肯定中國政府的組織效能，[22] 所以將此因素納入考量並不能大幅壓低對中國實力的估計。

權力轉移論者還可以訴諸對國際秩序的滿意度這一變項，來回答中國為何還未挑戰美國。倘若中國對美國主導的國際秩序感到滿意，那麼縱使有足以和美國較量的實力，也不會挑戰。接下來，我們就要檢視權力轉移論者對國際秩序或現狀滿意度的論述。

參、對國際現狀滿意度的評估

權力轉移論者將最強的國家稱為主導國，該國控制既存的國際秩

---

[20] A. F. K. Organski and Jacek Kugler, *The War Ledger* (Chicago: Chicago University Press, 1980), p. 68.

[21] Zeng et al., "A Chinese Century: A Stable or Unstable World?" pp. 41-42.

[22] A. F. K. Organski, *World Politics* (1958), pp. 190, 197, 198, 203; A. F. K. Organski and Jacek Kugler, *The War Ledger*, pp. 70-71.

序並從中得到最大份額的利益。目前的主導國是美國，從前是英國。主導國都會嘗試顯出不求私利的樣貌，實際上卻總是不分敵友地從較弱的國家取得不成比例的好處，自然也會對既存秩序最為滿意。在僅次於主導國的強權中，若出現對國際秩序不滿者，就可能發起挑戰。歷史經驗顯示，這些國家往往都是在既存國際秩序已完全建立，利益已被分配，而主導國及其支持者不願意讓這些新強權分潤時產生不滿。新強權會尋求在國際社會的一席之地，它們通常成長快速並且預期會繼續成長，自信能追平或超越主導國而不願意屈就。快速成長本身就會產生不滿：快速工業化導致內部緊繃與不平，政府有很強的誘因將不滿引導成向外的攻擊性態度和行動，以分散對政府或其他掌權團體的批評。工業化讓人的抱負增長，讓他們對自身命運不滿的同時提升了有所作為的力量。[23]

不滿現狀的國家認為國際系統不公、腐敗、偏斜不正，而且為敵對勢力主導。它們的不滿可能是出於歷史、意識形態、宗教、領土、個人或文化因素，對已確立的國際領導者及其規則與規範不滿，希望改變。中國被權力轉移論者列為出於文化因素而不滿現狀的國家。[24]

在具體評估一個國家對於國際現狀滿意程度時，權力轉移論者曾考慮幾種不同指標，包括與主導國軍事同盟組合的相似程度、軍費開

---

[23] A. F. K. Organski, *World Politics* (1958), pp. 326-329; *World Politics* (1968), pp. 364-367；其後類似論述請見 Ronald Tammen et al., *Power Transitions: Strategies for the 21st Century*, p. 9; Douglas Lemke, *Regions and War*, pp. 22-23.

[24] Ronald Tammen et al., *Power Transitions: Strategies for the 21st Century*, p. 9.

支增速是否高於主導國、是否有領土糾紛、在聯合國大會中與主導國投票行為的相似程度、與主導國的經濟聯繫強度，以及與主導國的社會價值觀差距等。[25] 其中除了「與主導國的經濟聯繫強度」之外，各項指標都呈現出中國對國際現狀的不滿。

以韓國學者金宇祥提議的「軍事同盟組合的相似程度」指標為例，[26] 和主導國的盟邦組合愈相似，對現狀的滿意度就愈高。所以北大西洋公約組織成員國自然會被該指標標定為滿意現狀的國家，而中國沒有參與任何一個以美國為中心的軍事同盟系統，就會被判定為不滿意現狀的國家。

肆、修昔底德陷阱論創始者視角

在中國已如奧根斯基的預測成為工業化國家之後，艾利森重提了權力轉移論者在半個多世紀前就已出現的說法，表示中美之間開戰的可能性將大增。艾利森並沒有引述權力轉移論，而是創造了「修昔底德陷阱」一詞來指涉此事。

在胡錦濤的 10 年任期即將屆滿，同時也是美蘇古巴飛彈危機 50 周年時，艾利森指出，21 世紀的中美兩國可能重蹈古雅典和斯巴達

---

25 Douglas Lemke, *Regions and War*, pp. 99-109; Zeng et al., pp. 44-50；唐欣偉，〈美國國關學界對中國之評估：以攻勢現實主義與權力轉移論為例〉，《政治科學論叢》，第 58 期（2013 年），頁 57-61。

26 Woosang Kim, "Alliance Transitions and Great Power War," *American Journal of Political Science*, Vol. 35, No. 4 (1991), pp. 833-850.

的覆轍而爆發大戰，也就是墜入所謂的「修昔底德陷阱」。[27]

在《世界政治》出版時，中國正值大躍進時代。根據艾利森的說法，當他與美國中央情報局局長在 2011 年提及與中國相關的事務時，中國已經不僅僅成為列強之一，而是「史上最強」。艾利森還列出了國內生產總值（GDP）、進出口貿易金額、外匯存底數據，以呈現中國崛起的樣貌。儘管中國經濟成長已如西方媒體所言減速，但仍高於美國、歐盟與日本。中國軍費占 GDP 的比例低於美國，卻已經排名世界第二，高於俄國。不過美國在自身創立的國際組織中仍有優勢，是國際貨幣基金組織與世界銀行中唯一擁有否決權的國家，並且阻止中國取得更大的投票權重。然而中國發起成立了亞洲基礎設施投資銀行，還籌組金磚國家集團、倡議「一帶一路」，可能憑經濟網絡讓東亞國家傾向中國。[28]

在回顧了雅典與斯巴達、英國與德國等歷史教訓，以及美國自身在美洲擴張勢力範圍的經驗之後，[29] 艾利森斷言習近平想要的是「讓中國再次偉大」（Make China Great Again）：重回西方侵入亞洲前的主導地位、重建對港台的領土控制、恢復在鄰近地區的勢力範圍、受世上其他大國尊重。艾利森斷言，在這些國家目標中，被認為居於核

---

[27] Graham Allison, "The Cuban Missile Crisis at 50: Lessons for U.S. Foreign Policy Today," *Foreign Affairs*, Vol. 91, No. 4 (July/August 2012), pp. 11-16.

[28] Graham Allison, *Destined for War: Can America and China Escape Thucydides's Trap?* pp. 3-6, 12, 20, 22-24.

[29] Ibid., pp. 27-85.

心地位的是：中國是宇宙中心。他還引述費正清（John K. Fairbank）對傳統中國對外政策的總結：要求區域主導權、堅持讓鄰邦承認並尊重中國的優越地位、願意運用主導與優越地位與鄰國「和諧共存」，中國皇帝居於層級系統之首，外國領導人則需叩頭朝貢。中國傳統對外政策旨在維繫國際階層而非以武力向境外擴張，其擴張的方式是文化同化而非傳教熱誠。[30]

艾利森認為習近平朝著四個方向實現「中國夢」：復興共產黨，清除貪腐，重拾使命感並重建該黨在中國人民眼中的權威；重拾中國人的民族主義與愛國主義，培養作為中國人的自豪感；設計在鄧小平、江澤民之後的第三次經濟革命；重組並重建一支能打勝仗的軍隊。習近平在上台的一個月內就宣告了「兩個百年目標」：在中共建黨百年的 2021 年全面建成小康社會（讓人均 GDP 自 2010 年的約 10,000 美元翻倍）；在中共建政百年的 2049 年成為富強的現代化國家。[31]

艾利森還認為習近平為避免重蹈戈巴契夫讓蘇聯崩潰的覆轍，不會在完成經濟改革前放鬆對社會的控制，因為過去中國共產黨曾危險地接近戈巴契夫路線，而且曾腐敗到讓人質疑，削弱了公眾的信任。實現習近平中國夢的首務就是再次賦予強大共產黨合法性，以之作為中國政府的先鋒和衛隊。習近平發起的反腐行動讓數十萬共產黨員遭

---

[30] Ibid., pp. 107-116.

[31] Ibid., pp. 116-118.

到處分，甚至包括前政治局常委在內。習近平還要求意識形態的一致性，加緊控制政治論述，堅持讓媒體大力推進黨的利益，鞏固黨的統治地位。[32]

為何人民要服從黨的統治？黨的答覆就是習近平中國夢的第二要務：重拾讓 10 億中國人自豪的國族認同。毛澤東曾讓全球性意識形態凌駕於中國認同之上，但對許多中國人來說，民族主義是更有效而持久的概念。人民共和國變成清政府的繼承者，習近平甚至還帶頭復興古典中國思想，命令全國幹部向孔子等中國哲學家學習以促進民族自信，宣稱中國共產黨是中華優秀傳統文化的繼承者。清朝衰落前的中國盛世光輝，成為現代中國自豪感的泉源。與此同時，中共也喚起被日本與西方羞辱的記憶，以創造一種團結的感覺，將中國認同與美國的現代性截然劃分開來。如今，很少中國人會說政治自由比中國的國際地位與民族自豪感更重要。[33]

習近平知道，要人民支持黨的統治，仍須實現比他國更快的經濟成長，為此要轉型為以國內消費帶動需求、重組或關閉無效率的國有企業、強化科學與技術基礎以促進創新、促進中國人的企業家精神、避免難以持續的負債。中國仍須高速增長多年，才能趕上世界最先進經濟體的生活水準。隨著中國商品與勞務價值的增加，收入也會增加，可是習近平擔心工資上升會使得製造業生產力下降，落入中等收

---

[32] Ibid., pp. 119-121.

[33] Ibid., pp. 121-122.

入陷阱，所以他推動「供給側改革」，以國內消費和服務業來平衡中國出口導向的經濟，還承諾大砍無力償債的殭屍企業。「中國製造2025」計畫要求提升中國產品的品質與技術精密程度，習近平決心讓中國在 21 世紀中期成為世界科學、技術與創新的領導者，增加研發經費、培育科技新創企業、要求「機器人革命」。他相信中國可以「集中力量辦大事」，優於西方競爭者。習近平也同樣重視環保與金融問題，於 2015 年廢除一胎化政策；而一帶一路計畫也能有效輸出中國過剩的工業產能，不過一帶一路也會讓中國跨洲投射力量，產生地緣政治上的影響。一旦中國的主導性經濟市場與實體基礎建設和鄰國整合到中國的共同富裕區，那麼美國二戰後在亞洲的地位將難以為繼。[34]

在面對其他挑戰的同時，習近平還冒著政治風險重新組建中國軍隊，以確保軍隊對黨，尤其是黨的領導人，擁有毋庸置疑的忠誠，他也相信一支「能打仗、打勝仗」的軍隊是實現中國夢其他成分的關鍵。當所有強權都建造強大軍隊時，「強軍夢」對於尋求克服外國羞辱的中國來說就特別重要。中國領導人對美軍在伊拉克、台灣海峽與南斯拉夫的行動（包括炸毀中國在南斯拉夫的使館）感到震驚，而決心不再受外國羞辱的領導人強化了海軍、空軍與火箭軍，同時裁減了陸軍。中國軍事戰略家採取「前進防衛」戰略，以控制靠近中國的「第一島鏈」內之水域為基礎，準備進行海戰。中國已有上千枚陸基

---

[34] Ibid., pp. 123-126.

反艦導彈，再加上沿海的艦隊，使得任何美國戰艦都無法安全地在中國海岸線內 1,000 英里的範圍內行動。艾利森認為中國並不想打仗，但與美國的文化差異使得敵對更形惡化，[35] 這與先前提及的權力轉移論者說法相近。

伍、回顧與展望

為了評估權力轉移論的預測能力，我們在此回顧奧根斯基在 1958 年時對於中國相關事務所作的預測：

一、「蘇聯衛星國中的外蒙與北韓，似乎正轉向中國軌道。中國可能不用經過太長時間（in the not too distant future），就會像美俄英法一樣，試圖主導亞洲小國經濟。」[36] 後來的情況是，中國確實試圖對亞洲國家發揮更大的經濟影響力，不過外蒙與北韓還不算完全進入中國軌道，至今仍與俄國關係密切。

二、「中俄在意識形態與經濟上連結緊密，不會互相敵對，而西方不可能將中國爭取到自己這一邊。」[37] 此預測與後來的發展不符。中俄在 1960 年代的政治鬥爭相當激烈，後者切斷對中經濟援助。中國於 1970 年代至 1980 年代，逐漸成為西方的夥伴。

三、「共產中國和分裂的德國不用經過太長時間，就會進入聯合

---

[35] Ibid., pp. 128-132.

[36] A. F. K. Organski, *World Politics* (1958), pp. 248-251.

[37] Ibid., pp. 289, 444.

國。」[38] 此預測正確無誤。中華人民共和國於 1971 年取代了中華民國在聯合國的席位；東西德則於 1974 年成為聯合國會員國。然而中共得以進入聯合國，是因為美國為了爭取北京的協助以對抗蘇聯，而這並不是奧根斯基預想的途徑。

四、「中國若與俄國合作，共產陣營可望在世界取得優勢地位；俄國若失去中國，損失極大，將成為多個強權中的一個而已。」[39] 我們不確定此一預測的前段是否正確，但與中國關係破裂後的俄國逐漸從與美國並立的兩極之一，變成多個強權中的其中一個。1991 年後的俄國已不再是一個共產國家，若與中國密切合作，是否足以在世界取得優勢地位？以 2024 年的情勢來看，僅有中俄兩國似乎還不足夠。美國及其盟邦，包括五眼聯盟中的英加澳紐、歐洲的北約國家、東北亞的日韓，囊括了所有先進國家。美國在盟邦資源的挹注下，仍可維持優勢地位。

五、「中國可能會在 20 世紀最後四分之一的時候，像 19 世紀的英國以及 20 世紀中期的美俄一樣，展現出『傳教士』精神，將其規則與生活方式強加於他國。」[40] 這項預測並不正確。中國的行為和以基督宗教為主的英美俄不同，先前引述艾利森的看法也正確指出，中國並沒有「傳教熱誠」。在 20 世紀最後的四分之一時期，特別是 1978 年底開始改革開放以後，反而是中國大量接受

---

[38] Ibid., p. 417.

[39] Ibid., pp. 380-381.

[40] Ibid., p. 90.

以美國爲首的西方規則與生活方式。這種情況至少持續到 21 世紀初，而這也是中國經濟高速成長的時期。

六、「中國會像美國超越英國那樣和平超越俄國。英國對美國工業化作出重大貢獻，而且兩國在經濟、政治與意識形態上緊密相連；俄中關係也是如此。儘管中國趕超俄國時的摩擦會增加，但傳統友誼會讓權力轉移過程變得和緩。」[41] 結果顯示，中國的確超越了俄國，而且並沒有對俄國開戰。奧根斯基提到的原因可能發揮了作用，不過單憑俄國擁有的大量核武，仍可能足以嚇阻任何對手。

七、「俄國、中國、印度會增強，而美國會以犧牲英法爲代價變強。英法殖民地會在經濟上依賴美國。美國會比過去更一致而有技巧地運用權力，但俄中的強化會打破美國的領先局面。俄國可能會趕上，但不太可能超越美國。中國則可輕易超越俄國，而且超越美國。美國希望中國不能工業化、被剩餘人口拖累，或是中國崩潰，都是幻想。問題不是中國會不會成爲地球上最強的國家，而是需要多長時間才能達到此一地位。」[42] 此預測的前半大多已實現，只是俄國沒有趕上美國；而預測的後半是否會實現仍有待觀察。

八、「若中國成功工業化，就能像美國一樣讓後進國人民羨慕，從而

---

[41] Ibid., pp. 103, 325, 447.

[42] Ibid., pp. 445-446.

增強其在亞洲的力量。」[43] 此預測可說是部分實現。中國人均產值從全球末段班躍升到開發中國家的前列，超過了許多原本領先中國甚多的亞洲國家，使得「中國模式」或「北京共識」成為某種具代表性的非西方發展範例，讓某些亞洲與非洲開發中國家拿來作為參考。但是在美中宣傳與反宣傳戰趨於白熱化後，中國在亞洲的「軟實力」也受到衝擊。

九、「俄國與中國挑戰西方，尋求建立一個截然不同的新世界秩序，不可能僅憑協商就讓英美放棄主導地位；英美會嘗試永久鞏固一個讓挑戰者不滿的世界秩序，同樣不可能僅憑協商就讓俄中放棄挑戰現狀，但它們若堅持挑戰，美國及其盟邦會對俄中不滿。」[44] 從西方的角度來看，此預測已然實現，但從中俄的角度來看，其未必要挑戰西方、建立新世界秩序。假如世界秩序是將個別國家比擬為撞球一樣的行為體，符合西方傳統的主權國家互不干涉內政之秩序，那麼中俄反而比西方國家更堅決擁護這種秩序；假如世界是由以歐洲北美白人居高臨下地指揮有色人種的秩序，那麼俄國或許不會反對，但中國則會試圖打破這樣的秩序。不論如何，「不可能僅憑協商就讓英美放棄主導地位」此一命題的正確性應該沒有太大爭議。

十、「如今美俄占據舞台中央，而後將會是中國與印度；充分工業化

---

[43] Ibid., p. 154.

[44] Ibid., pp. 364-367.

的印度將成為中國以外最強的國家；印度若成功工業化，足以超越俄美，但不會與中國匹敵，因為中國人口更多，而且比印度更早工業化。」[45] 此預測是否成真仍有待觀察，不過中國在此項預測提出後的改革開放時期，實施長達數十年的嚴格生育管制措施，而印度大約在 2023 年起人口總數就超越了中國。因此，印度有潛力變得比中國更強。

值得一提的是，到了 2023 年，權力轉移論者沿用原本的框架以及最新資料，繼續評估大國實力對比與中國崛起的影響。此時除了中國之外，印度也大致如奧根斯基在 1958 年時的預期一樣，成為舉足輕重的國家，因此被拿來和中美一同比較，其主要預測如下：

一、「中國擁有高度同質的 14 億人口，超過九成屬於漢族。1980 年至 2021 年間的一胎化政策曾使得勞動人口大增，有利於經濟成長，但造成性別失衡以及後來的老化問題，到 2100 年前人口數將降為 8 億。印度將會是下一個擁有大量勞動人口與相對較少依賴人口的受惠國。」[46] 如前所述，1958 年時的奧根斯基無從預料後來「一胎化」政策的影響。總人口與年輕人口數都已居世界第一位的印度，將來有機會成為世界首強。

二、「以 GDP PPP 衡量經濟表現，中國正在趕超美國，並將保持世界第一的地位直到在本世紀後半被印度超越。這次是罕見地由開

---

[45] Ibid., pp. 220, 303, 447.

[46] Zeng et al., "A Chinese Century: A Stable or an Unstable World?" pp. 32-33.

發中國家趕超先進國，所以雙方衝突的源頭可能和之前的例子不同，涉及開發中國家要求增加技術轉移、減少專利權年限，或要求更多重分配政策等。」[47]

三、「全球暖化造成的海平面上升，對中國的打擊將大於對美國與印度的打擊。最先進而人口密集的北京與上海會受影響，而越南、泰國與孟加拉等中國的夥伴，受到的衝擊甚至會更大。大批被迫離開家園的人們可能去中國避難，一方面增加後者的壓力，一方面可能緩解中國勞動力減少的問題。」[48] 儘管海平面上升對中國的影響有利有弊，但仍是弊大於利。

四、「GDP PPP 或 SDP 指標都顯示，中國已於 2016 年趕上美國。假如將貿易與淨資本輸出也納入計算，那麼中國趕上美國的時間為 2018 年。權力轉移論者選用的權力計算方式，是將 GDP PPP 乘上一個代表政治績效的數值，而中國該數值趕上美國的時間點是 2020 年。」[49] 就此以觀，權力轉移論者仍主張中國的力量已超越美國。

五、「涉及中國的領土爭端中，有兩個可能導致全球對抗。其中最重要的涉及台灣，而另一個則是與印度關於喜馬拉雅山一帶的邊境爭議。」[50] 若將有無領土爭端也納入對國際現狀滿意度的評估，

---

[47] Ibid., pp. 35-36.

[48] Ibid., p. 38.

[49] Ibid., pp. 41-42.

[50] Ibid., pp. 42-44.

那麼中國還是會被認定為對現狀不滿。

六、「美國不再是最強大的國家，但憑藉著北大西洋公約組織以及晚近的美日印澳四方合作，仍可保持對中國與俄國的優勢，從而維持像冷戰時期那樣的穩定。」[51] 總而言之，權力轉移論者認定中國對現狀不滿、權力已超越美國，可是美國憑藉著盟友的援助，仍能保持對中，甚至對中俄的優勢，所以中俄不會發起挑戰。

---

[51] Ibid., p. 51.

PART 2

帶路戰略十周年反思

第六章
綠色一帶一路：環境友善型戰略與環境合作之促進*

飯嶋佑美**

---

* 本文以作者在 2023 年日本國際政治學會年會（2023 年 11 月 11 日於日本福岡舉辦）上發表的論文〈中國的環境外交與環境合作戰略〉爲基礎進行大量補充和修改。

** 北京清華大學政治學博士。現任日本國際問題研究所（JIIA）研究員、日中創新研究中心研究員。曾任日本中央大學社會科學研究所副研究員。研究領域爲當代中國的環境外交與環境政策。

壹、前言

　　中國自 2010 年成爲世界第二大經濟體之後，國際影響力隨之擴大，同時在環境領域也加深了對國際規則制定的參與。除此之外，中國累積了國內環保措施的經驗，發展了植樹、可再生能源產業及相關技術，因而對環境治理的成果充滿自信，也致力於將這些成功模式輸出到其他國家。與中國自 2013 年開展的「一帶一路」倡議有關，提出「綠色一帶一路」或綠色絲綢之路的共同建設，展示了追求全球綠色及低碳發展的態度。本文將回顧在「一帶一路」框架下，中國如何提出對環境友好的建設和環境合作構想，並闡明「綠色一帶一路」之內涵，並將探討中國在國際上致力於成爲環境方面的典範，如何將環境外交、環境合作政策與「綠色一帶一路」相結合，特別是關注近年來積極進行應對氣候變化的南南合作，指出中國雖展示了加強地球環境治理承諾的意願，但其環境合作在實施方面存在許多挑戰，且與國際公開聲明的內容有所差異。

貳、綠色一帶一路之進程

一、出現與變遷

　　習近平發起的「一帶一路」倡議於 2023 年迎來了 10 周年，儘管所謂「一帶一路」的確切定義尚不明確，[1]預算規模等的實際狀況和規

---

[1] 高原明生，〈中国の一帯一路構想〉，收於川島眞、遠藤貢、高原明生、松田康博編，《中国の外交戦略と世界秩序——理念・政策・現地の視線》（東

模亦難以掌握，惟自 2013 年倡議開始，「一帶一路」的地理範圍和類型已經不斷擴大，甚至被形容爲「多帶多路」。[2]作爲一個以大規模基礎設施投資爲特點，吸引周邊國家關注的中國對外戰略之一，結果顯示了對中國風險認知的不足，對債務的健全性和可持續性的擔憂也日益增加。面對計畫實施混亂和國際社會的批評，近期「一帶一路」正朝向重質於量的方向修正，特別是探索環境友好型之投融資計畫。

　　綠色絲綢之路或「綠色一帶一路」或許也是個含糊的概念。「一帶一路」的想法最初提出時，並未特別考慮到環境保護。2013 年 9 月，習近平在哈薩克納扎爾巴耶夫大學提出共建「絲綢之路經濟帶」，以及同年 10 月在印尼國會提出共建「21 世紀海上絲綢之路」時，並未提及環境保護或永續發展等相關內容。

　　儘管如此，習近平在這些外訪中提出的想法，後來發展成爲「一帶一路」倡議等中國對外政策中的重要部分，過程中也開始納入環境考量。例如，在 2015 年 3 月由國家發展和改革委員會、外交部和商務部共同發布有關「一帶一路」的首份政策文件《推進共建絲綢之路經濟帶和 21 世紀海上絲綢之路的願景與行動》中，便提到了與環境議題相關的內容；該項文件提出「強化基礎設施綠色低碳化建設和運營管理，在建設中充分考慮氣候變化影響」及「積極推動水電、核電、風電、太陽能等清潔、可再生能源合作」等，不僅展示了對氣候

京：昭和堂，2019 年），頁 15-24。

2　渡辺紫乃，〈一帯一路構想の現在〉，《国際問題》，第 705 号（2022），頁 30-41。

變化措施的關注，綠色絲綢之路這類名詞也在「在投資貿易中突出生態文明理念，加強生態環境、生物多樣性和應對氣候變化合作，共建綠色絲綢之路」此段文字當中被提出。[3] 這表明了在「一帶一路」構想從理念向政策過渡的初期階段，中國政府就開始考慮「一帶一路」建設中的環境友善和促進環境合作問題。

所謂「綠色一帶一路」而非「綠色絲綢之路」的說法，是在2017年正式出現的。2017年4月，環境保護部（當時）、外交部、國家發展和改革委員會、商務部聯合發布了《關於推進綠色「一帶一路」建設的指導意見》，這標誌著「綠色一帶一路」正式被提上議程；該指導意見強調在「一帶一路」建設中貫徹生態文明理念，推動綠色發展，加強生態環境保護，共建綠色絲綢之路，文中闡明了主要目標，顯示「綠色一帶一路」是從中長期角度設想逐步採取的措施，至於其主要目標包括：根據生態文明建設、綠色發展和沿線國家永續發展需求，構建互利合作網絡、新型合作模式、多元合作平台，力爭用3年至5年時間建成務實高效的生態環保合作交流體系、支撐與服務平台和產業技術合作基地，制定落實一系列生態環境風險防範政策和措施，為「綠色一帶一路」建設打好堅實基礎；用5年至10年時間建成較為完善的生態環保服務、支撐、保障體系，實施一批重要的

---

3 國家發展改革委員会、外交部、商務部，〈シルクロード経済ベルトと 21 世紀海上シルトロードの共同建設推進のビジョンと行動〉，《中華人民共和國駐日本國大使館》，2015 年 3 月 30 日，http://jp.china-embassy.gov.cn/jpn/jzzg/201503/t20150330_2062179.htm。

生態環保項目，並取得良好成果[4]。

　　同年 5 月，在第一屆「一帶一路」國際合作高峰論壇開幕前夕，推進「一帶一路」建設工作領導小組辦公室發布了《共建「一帶一路」：理念、實踐與中國的貢獻》文件，正式將「加強生態環保合作」納入作為合作領域之一。在生態環保合作中，具體的合作領域包括促進合作平台建設、水利、林業和野生動物保護、綠色投融資及應對氣候變化措施[5]。同月，環境保護部發布了《一帶一路生態環境保護合作規劃》，該文件列出了在「一帶一路」建設中實施的 25 項生態環境保護合作重點計畫。接著，國家發展和改革委員會、國家能源局也發布了《推動絲綢之路經濟帶和 21 世紀海上絲綢之路能源合作願景與行動》，文中將「堅持綠色發展」作為「一帶一路」建設中能源合作的原則之一，並表示「在能源開發中極度重視環保問題，積極推動潔淨能源的開發和利用，嚴格管理汙染物和溫室氣體的排放，提高能源利用效率，促進各國能源的綠色和高效開發。」[6]據此，「綠色一帶一路」構想從 2017 年開始變得更加具體。

---

[4] 環境保護部、外交部、國家發展和改革委員會、商務部，〈關於推進綠色「一帶一路」建設的指導意見〉，《中華人民共和國生態環境部》，2017 年 4 月 26 日，https://www.mee.gov.cn/gkml/hbb/bwj/201705/t20170505_413602.htm。

[5] 推進一帶一路建設工作領導小組辦公室，〈共建一帶一路：理念、實踐與中國的貢獻〉，《中華人民共和國中央人民政府》，2017 年 5 月 11 日，https://www.gov.cn/xinwen/2017-05/11/content_5192752.htm#1。

[6] 國家發展和改革委員會、國家能源局，〈推動絲綢之路經濟帶和 21 世紀海上絲綢之路能源合作願景與行動〉，《中國一帶一路網》，2017 年 5 月 16 日，https://www.yidaiyilu.gov.cn/p/13746.html。

　　2019 年 4 月，中國舉辦了第二屆「一帶一路國際合作高峰論壇」，在國際社會對於相關倡議中的債務陷阱、人權和環境破壞等問題提出愈來愈多批評的背景下，該論壇特別強調了對「一帶一路」的修正，展示了對環境問題的更高度關注；在論壇開幕時，由推進一帶一路建設工作領導小組辦公室發布的《共建一帶一路倡議：進展、貢獻與展望》報告中，在「展望」部分 7 個項目中的第 4 項詳細闡述了「綠色之路」，清楚表明「一帶一路」共建應該以環境友好的方式進行的方針。

　　2022 年 3 月，國家發展和改革委員會、外交部、生態環境部、商務部共同發布《關於推進共建「一帶一路」綠色發展的意見》，這是迄今為止最具體的指導方針；[7] 該文件明確提到政府與企業的關係，強調「一帶一路」的綠色發展應在政府領導下，由企業作為主體實施，並自發地完成任務。[8] 2021 年 9 月，在第七十六屆聯合國大會上的演說中，習近平進一步宣布將支持開發中國家能源的綠色化和低碳化，並不再建設海外燃煤發電站，[9] 這一宣言隨後被正式納入政府文

7　〈國家發展改革委等部門關於推進共建「一帶一路」綠色發展的意見〉，《中華人民共和國國家發展和改革委員會》，2022 年 3 月 28 日，https://www.ndrc.gov.cn/xxgk/zcfb/tz/202203/t20220328_1320629.html。

8　2021 年至 2022 年生態環境部和商務部先後聯合發布了《對外投資合作綠色發展工作指引》和《對外投資合作建設項目生態環境保護指南》，強調進一步確認企業在發展海外事業之際，關於環境風險所需負的責任之必要性。同時，還鼓勵企業在海外事業所在地環境法規不完善的情況下，在計畫實行期間參考國際法規和中國標準。

9　習近平還提到了自己的核心外交政策，包括「合作共贏的新型國際關係」和「完善全球治理」，並表示「中國將始終是世界和平的建設者、全球發展的

件，由國家發展和改革委員會主導撰寫指導方針，根據此一方針，其
中長期目標是：「到 2025 年，共建一帶一路生態環保與氣候變化國
際交流合作不斷深化，綠色絲綢之路理念得到各方認可，綠色基建、
綠色能源、綠色交通、綠色金融等領域務實合作扎實推進，綠色示範
項目引領作用更加明顯，境外項目環境風險防範能力顯著提升，共建
一帶一路綠色發展取得明顯成效；到 2030 年，共建一帶一路綠色發
展理念更加深入人心，綠色發展夥伴關係更加緊密，走出去之企業綠
色發展能力顯著增強，境外項目的環境風險防控體系更加完善，共建
一帶一路綠色發展格局基本形成。」[10]

二、成果與未來方針

　　如上所述，自 2015 年以來，「綠色一帶一路」在政策層面逐漸
具體化，尤其是 2019 年以來，「一帶一路」對環境考量更加重視，
並於 2022 年發布更詳細的指導文件，除此之外，2025 年和 2030 年
則是其基準設定目標。因此，對中國而言，「綠色一帶一路」建設雖
然仍處於初步階段，在 2023 年「一帶一路」倡議屆滿 10 周年之際，

貢獻者、國際秩序的維護者、公共產品的提供者，將繼續以中國的新發展為
世界提供新機遇」。在相關媒體上，這些聲明頗受歡迎，就像《碳中和宣言》
發表時一樣，也被視為中國願意在氣候變化領域充分發揮領導作用。〈習
近平在第七十六屆聯合國大會一般性辯論上的講話（全文）〉，《中華人
民共和國外交部》，2021 年 9 月 22 日，https://www.fmprc.gov.cn/web/zyxw/
t1908642.shtml。

[10] 〈國家發展改革委等部門關於推進共建「一帶一路」綠色發展的意見〉，《中
華人民共和國國家發展和改革委員會》，2022 年 3 月 28 日，https://www.ndrc.
gov.cn/xxgk/zcfb/tz/202203/t20220328_1320629.html。

關於「綠色一帶一路」至今的成就也不斷被提及。

2023 年 10 月，在「一帶一路」倡議 10 周年和第三屆「一帶一路國際合作高峰論壇」召開之際，中國國務院新聞辦公室發布了《共建一帶一路：構建人類命運共同體的重大實踐》白皮書，其中論述「一帶一路」成果時，也提及了綠色絲綢之路的進展，並強調相關合作夥伴關係的擴大。具體而言，中國除了與聯合國環境規劃署（UNEP）簽訂了《關於建設綠色一帶一路的諒解備忘錄（2017-2022）》，與 30 多個國家和國際機構簽訂環境保護合作協定，與 31 個國家共同發起「一帶一路綠色發展夥伴關係倡議」，[11] 並與 40 多個國家的 150 多個夥伴共同建立「一帶一路綠色發展國際聯盟」，以及與 32 個國家建立「一帶一路能源合作夥伴關係」，除此之外，具體成果還包括中止興建海外燃煤發電站計畫，以及建立「一帶一路生態環保大數據服務平台」和「一帶一路環境技術交流與轉移中心」，同時推動實施「綠色絲路使者計畫」和「一帶一路應對氣候變化南南合作計畫」等。[12]

雖然官方的成果中並未具體提及，但「一帶一路」的環境友善化

---

11 中國在 2021 年與 28 個國家（阿富汗、孟加拉、汶萊、柬埔寨、智利、哥倫比亞、斐濟、印尼、哈薩克、吉爾吉斯、寮國、馬來西亞、馬爾地夫、蒙古、緬甸、尼泊爾、巴基斯坦、菲律賓、沙烏地阿拉伯、新加坡、索羅門群島、斯里蘭卡、塔吉克、泰國、土庫曼、阿聯酋、烏茲別克和越南）發起「一帶一路綠色發展夥伴關係倡議」。

12 中華人民共和國國務院新聞辦公室，〈共建一帶一路：構建人類命運共同體的重大實踐〉，《中華人民共和國中央人民政府》，2023 年 10 月 10 日，https://www.gov.cn/zhengce/202310/content_6907994.htm。

進展無疑是一大成就。因應國際社會認為「一帶一路」對環境造成負擔，以及其可能阻礙計畫實施國的環境政策或氣候變化應對措施的批評，「綠色一帶一路」作為「一帶一路」的一種形式，變得愈來愈重要，也由於這些外部壓力，能源投資與建設計畫中可再生能源的比例已有改善。相較從 2014 年至 2017 年，對「一帶一路」參與國家能源貸款中有 91% 流向化石燃料部門，由中國金融機構和企業資助的海外燃煤發電站約占 25%，[13] 到了 2020 年，再生能源計畫投資首次超過化石能源，占能源投資總額的 58%。[14] 前述報告還指出，2021 年中國向中低收入國家提供或融資的基礎設施計畫組合中，近 60% 已制定了強有力的環境、社會和公司治理保障措施，促進了對環境、社會和公司治理風險的應對。[15]

中國主要依靠企業自願行動來實踐「綠色一帶一路」倡議，並支援 2018 年 11 月由中國金融學會綠色金融專業委員會和英國倫敦金融城共同發布的《一帶一路綠色投資原則》。此外，在 2021 年和 2022 年，生態環境部和商務部先後聯合發布了《對外投資合作綠色發展工作指引》和《對外投資合作建設項目生態環境保護的指南》，加強了

13　Christine Shearer, et al., *China at a Crossroads: Continued Support for Coal Power Erodes Country's Clean Energy Leadership* (IEEFA, 2019).

14　Han Chen and Wei Shen, "China's No New Coal Power Overseas Pledge, One Year On," *China Dialogue*, September 22, 2022, https://chinadialogue.net/en/energy/chinas-no-new-coal-power-overseas-pledge-one-year-on/.

15　Bradley C. Parks, et al., *Belt and Road Reboot: Beijing's Bid to De-Risk Its Global Infrastructure Initiative* (Williamsburg, V.A.: AidData at William & Mary, 2023).

中國企業推動環境友好型投資的趨勢。這些指導意見強調，要進一步闡明企業在海外經營中關於環境風險承擔的責任，鼓勵企業在海外事業所在地環境法規不健全的情況下，參考國際法規和中國標準。另一方面，「綠色一帶一路」的內容不僅僅是使基礎建設計畫更加環保，其重點領域包括綠色基礎建設、綠色能源、綠色交通和綠色金融等，在實施方面特別突出的是環境合作平台和網路的建立與拓展，官方往往將其作為目標和成果來宣傳。

作為「綠色一帶一路」框架的一部分，中國正透過現有多邊合作平台擴大政策交流，並在創建新的「一帶一路」特色平台的基礎上開展研究交流；[16] 例如在能源合作方面，二十國集團（G20）、上海合作組織（SCO）和亞太經濟合作組織（APEC）等現有框架，都被用來討論能源合作問題，其他「一帶一路」能源合作夥伴關係之新平台亦正在啟動。

在擴大環境合作網絡方面，一個比較特別的是發起「一帶一路綠色發展國際聯盟」，該聯盟在 2017 年首屆「一帶一路國際合作高峰論壇」上宣布成立，隨後在與聯合國環境規劃署共同努力下，於 2019 年召開第二屆「一帶一路國際合作高峰論壇」時正式啟動。這個國際聯盟的成員和夥伴單位不僅來自中國，也來自世界各地環保部門、政府組織、國際組織、研究機構、民間組織和企業等，可以這麼

---

16 Johanna Coenen, et al., "Environmental Governance of China's Belt and Road Initiative," *Environmental Policy and Governance*, Vol. 31, No. 1 (2021), pp. 3-17.

說，它是在「綠色一帶一路」倡議中，包括已開發國家在內之外國觀點得以被體現的重要平台，同時在發布關於環境友善型「一帶一路」研究報告和建議上也發揮著作用。

以上述正式和非正式成果為基礎，中國在 2023 年公布了未來的方針。在第三屆「一帶一路國際合作高峰論壇」的開幕式上，習近平發表主旨演講，宣布中國將採取 8 項行動支持共建高品質「一帶一路」，其中，第 4 項就是推動綠色發展，至於計畫具體內容為：首先是持續深化綠色基建、綠色能源、綠色交通等領域合作，加大支持「一帶一路」綠色發展國際聯盟，繼續舉辦「一帶一路綠色創新大會」，建設光伏產業對話交流機制和綠色低碳專家網絡，並依據「一帶一路綠色投資原則」，在 2030 年為夥伴國家提供 10 萬人次的培訓。[17]

這些未來計畫表明，「綠色一帶一路」的範圍不僅僅是指投資和貸款的綠色化，如將「一帶一路」的綠色投資原則付諸實踐，可以說，「綠色一帶一路」的主要目標是擴大中國主導的環境合作網絡。

---

[17]〈習近平在第三屆一帶一路國際合作高峰論壇開幕式上的主旨演講（全文）〉，《中華人民共和國中央人民政府》，2023 年 10 月 18 日，https://www.gov.cn/yaowen/liebiao/202310/content_6909882.htm。

參、作為環境合作外交的一帶一路

一、加強對全球環境治理的承諾

2023 年 1 月，國務院新聞辦公室發表《新時代的中國綠色發展》白皮書，闡述中國政府追求綠色發展的理念，以及迄今在綠色發展方面的實踐和成果。除了國內舉措，白皮書中還介紹了面向國際的實踐，指出中國一直是全球生態文明建設的重要參與者、貢獻者和先驅者，並列舉「積極參與全球氣候變化治理」、「推動共建綠色一帶一路」和「廣泛開展雙多邊國際合作」等 3 個實踐範例。[18]

如上所述，中國目前以積極參與全球環境治理為榮，並將自己定位為全球生態文明建設的「參與者、貢獻者和先驅者」。「生態文明」最初是為加強中國國內環境保護措施而提出的概念，在 2012 年 11 月召開的十八大會議中，除了經濟、政治、文化和社會建設，「生態文明建設」被新確立為具中國特色社會主義建設的重要支柱之一。[19] 除了國內的環保措施，中國也加速以氣候變化問題為代表之全球環境問題的應對措施，其後，在 2017 年 10 月召開的十九大會議上，習近平再次強調國內生態文明建設成效顯著，[20] 且中國首次表

---

18 中華人民共和國國務院新聞辦公室，〈新時代的中國綠色發展〉，《中華人民共和國中央人民政府》，2023 年 1 月 19 日，https://www.gov.cn/zhengce/2023-01/19/content_5737923.htm。

19 〈胡錦濤在中國共產黨第十八次全國代表大會的報告〉，《中華人民共和國中央人民政府》，2012 年 11 月 17 日，http://www.npc.gov.cn/zgrdw/npc/zggcddsbcqgdbdh/2012-11/09/content_1742519.htm。

20 習近平指出「生態文明建設取得了顯著成效，政府將繼續加強和加快生態文

示，其已經成爲「應對氣候變化國際合作的領導者，全球生態文明建設的重要參與者、貢獻者和先驅者」。[21] 因此，中國除了在國內生態文明建設取得成功，對全球環境政策的發展也充滿信心，並開始將生態文明建設推向世界。

對中國而言，環境保護和永續發展等議題已不再僅僅是國內問題，而是中國外交戰略和國際合作的重要組成部分。這一轉變順應了中國外交從「韜光養晦」轉向在世界上發揮更大作用的趨勢，尤其是在習近平政府加強參與全球治理的背景之下。

建構「人類命運共同體」是習近平外交政策的基本原則，[22] 至於「人與自然生命共同體」之理念則在 2017 年被提出。在習近平於

明建設」，未來「生態文明建設被定位爲重點領域之一」，並被稱爲「中華民族永續發展的千年大計」，接著據此提出生態文明建設的 4 項具體措施：1. 推進綠色發展；2. 著力解決突出環境問題；3. 加強生態環境保護；4. 改革生態環境監督管理體制。作爲路線圖，2020 年至 2035 年在「全面建成小康社會」的基礎上，將徹底實現社會主義現代化，讓生態環境得到根本改善，以便在基本上實現「美麗中國」目標。除此之外，從 2035 年至本世紀中葉乃是「在基本實現現代化基礎上建設富強、民主、文明、和諧之美麗社會主義現代化強國的時期」，生態文明將全面改善。

21 〈習近平氏：小康社会の全面的完成の決戦に勝利し、新時代の中国の特色ある社会主義の偉大な勝利をかち取ろう——中国共産党第 19 回全国代表大会における報告〉，《新華社》，2017 年 10 月 28 日，http://jp.xinhuanet.com/2017-10/28/c_136711568.htm。

22 建構「人類命運共同體」是習近平重要外交口號，也是其推動合作政策的理念。2023 年 9 月在國務院新聞辦公室《攜手構建人類命運共同體：中國的倡議與行動》白皮書發布會上，中央政治局委員兼外交部長王毅指出，「一帶一路是習近平外交思想的創新理念，也是中國外交的重要目標」，根據此一指導原則，包括「全球發展倡議」（GDI）、「全球安全倡議」（GSI）和「全球文明倡議」等一帶一路建設正陸續實踐。

十九大政治報告中首次提出「人與自然生命共同體」後，2021 年 4 月，習近平在氣候領袖峰會上進一步發表以「共同構建人與自然生命共同體」為題的演講，將「人與自然生命共同體」推向世界，[23] 他表示將本著「授人以漁」的原則，[24] 透過各種形式的南南務實合作，盡最大努力幫助開發中國家提高應對氣候變化的能力。2021 年 10 月，習近平繼續在《生物多樣性公約》第 15 次締約方大會上發表以「共同構建全球生命共同體」為題的演講，[25] 向國際社會提出中國的全球環境治理願景，並呼籲國際合作。

據信，習近平政府的目標是透過「綠色一帶一路」和其他倡議以建構上述共同體。儘管「一帶一路」的綠色化一定程度上是為了應對國際上日益增多的批評意見所帶來的回應，但建立「綠色一帶一路」確實已成為中國外交政策和綠色發展政策的目標。

二、氣候變化應對與南南合作的聯繫

如前所述，中國將其「積極參與全球氣候變化治理」視為綠色發展的重要國際成果，並對與氣候變化相關的環境合作領域特別有自

---

23 習近平，〈共同構建人與自然生命共同體：在領導人氣候峰會上的講話〉，《中華人民共和國中央人民政府》，2021 年 4 月 22 日，https://www.gov.cn/gongbao/content/2021/content_5605101.htm。

24 語出《老子》。

25 習近平，〈共同構建地球生命共同體：在《生物多樣性公約》第十五次締約方大會領導人峰會上的主旨講話〉，《中華人民共和國中央人民政府》，2021 年 10 月 12 日，https://www.gov.cn/gongbao/content/2021/content_5647343.htm。

信。中國從聯合國氣候變化談判開始，就作為開發中國家，從先進工業國家和國際機構獲得技術和知識等多方面支援，同時積極利用《京都議定書》下的「清潔發展機制」（CDM）推動本國的可再生能源開發。特別是在歐巴馬政府期間，中國與美國開展多種形式的氣候變化合作，共同促進《巴黎協定》的成立和早期生效，這被視為中國氣候外交之重要成就。隨著在可再生能源領域成為世界領導者，中國開始與先進國家以相似模式進行更平等的合作，例如，中美兩國政府共同出資成立「清潔能源聯合研究中心」，開展在清潔能源技術方面的共同研究與合作。[26]

另一方面，中國在接受援助的同時，也持續向其他開發中國家提供氣候變化支援的工作；[27] 這種支援從 2000 年代後半期開始更加正式地實施，例如在 2008 年全球金融海嘯爆發後，由於中國與其他開發中國家之間的差距擴大，開發中國家集團（77 國集團加中國）內部的意見協調變得更加困難，而作為一個經濟規模和溫室氣體排放的大國，國際社會對中國的壓力也持續增加。在氣候變化談判中，中國作為一個沒有什麼歷史責任的開發中國家，長期拒絕承擔減排義務，但

---

[26] Joanna I. Lewis, *Cooperating for the Climate: Learning from International Partnerships in China's Clean Energy Sector* (Cambridge, M.A.: The MIT Press, 2023), pp. 117-163.

[27] 中國政府首次明確提及氣候變化南南合作，據說是在 2006 年發布的《中國對非洲政策文件》中，參見李彥，〈中國應對氣候變化南南合作歷程和成效〉，《世界環境》，第 6 期（2020 年），頁 77。自 2008 年以來，每年出版的《中國應對氣候變化的政策和行動》報告均在一開始便介紹對開發中國家的援助。

為了改善自己的國際形象、維護開發中國家的團結和統一意見，中國加強了與其他開發中國家在氣候變化領域的南南合作。

中國在強化與氣候變化相關的南南合作領域中，採取的主要步驟包括：自 2011 年起實施物資捐贈專案，並表明由專項捐款支援，2012 年 6 月國務院總理溫家寶在聯合國永續發展會議（里約＋20）上宣布，為支援小島嶼國家、低度開發國家（LDCs）與非洲國家應對氣候變化，中國將提供 2 億元人民幣用於 3 年的國際合作；[28] 2014 年 9 月，作為習近平特使的國務院副總理張高麗在紐約聯合國總部舉行的氣候峰會上宣布，中國承諾為應對氣候變化的南南合作提供 600 萬美元資金；[29] 2015 年 9 月，習近平在訪美期間由中美兩國領袖發表的〈氣候變化聯合聲明〉中，宣布撥款 200 億人民幣成立「中國氣候變化南南合作基金」，以支援其他開發中國家的氣候變化對策；[30] 同年 12 月，習近平又在巴黎會議上宣布自 2016 年起在開發中國家啟動所謂「10-100-1000」專案，即實施 10 個低碳示範區、100 個減緩和適應氣候變化計畫，以及共計 1,000 個培訓計畫，並宣布支持其他開

---

[28] 〈溫家寶在聯合國可持續發展大會上的演講（全文）〉，《中華人民共和國中央人民政府》，2012 年 6 月 21 日，https://www.gov.cn/ldhd/2012-06/21/content_2166455.htm。

[29] 〈張高麗出席聯合國氣候峰會並發表講話〉，《中華人民共和國中央人民政府》，2014 年 9 月 24 日，https://www.gov.cn/guowuyuan/2014-09/24/content_2755265.htm。

[30] "U.S.-China Joint Presidential Statement on Climate Change," *The White House*, September 9, 2015, https://obamawhitehouse.archives.gov/the-press-office/2015/09/25/us-china-joint-presidential-statement-climate-change.

發中國家的氣候變化應對措施。[31]

　　這些加強氣候變化相關的南南合作舉措，後來都陸續與「一帶一路」倡議相連結，例如在 2019 年 4 月的第二屆「一帶一路國際合作高峰論壇」上，中國宣布與相關國家共同實施「一帶一路氣候變化應對南南合作計畫」。[32]「綠色一帶一路」的概念自提出以來，氣候變化應對就被視為其組成部分之一，連結「一帶一路」倡議與多年來在「一帶一路」框架外開展的氣候變化合作，這是特別值得注意的成果。2023 年 10 月，針對「綠色一帶一路」相關成果，中國公布了與 39 個國家簽署 47 份關於氣候變化南南合作諒解備忘錄，與寮國、柬埔寨、塞席爾共同建設低碳示範區，與 30 多個開發中國家開展 70 多個減緩與適應氣候變化專案，並為來自 120 多個國家的環境管理人員和專家提供培訓等，[33]這些努力與所謂氣候變化合作的「10-100-1000」專案相似。

　　在落實「10-100-1000」專案方面，總結氣候變化政策實施狀況之 2022 年版《中國應對氣候變化的政策與行動》指出，中國共與 38 個開發中國家簽署 43 項氣候變化合作文件，與寮國、柬埔寨、塞席

[31]〈習近平在氣候變化巴黎大會開幕式上的講話（全文）〉，《新華網》，2015 年 12 月 1 日，https://www.xinhuanet.com/world/2015-12/01/c_1117309642.htm。

[32]〈習近平在第二屆一帶一路國際合作高峰論壇開幕式上的主旨演講（全文）〉，《新華網》，2019 年 4 月 26 日，http://www.xinhuanet.com/politics/2019-04/26/c_1124420187.htm。

[33] 中華人民共和國國務院新聞辦公室，〈共建一帶一路：構建人類命運共同體的重大實踐〉，《中華人民共和國中央人民政府》，2023 年 10 月 10 日，https://www.gov.cn/zhengce/202310/content_6907994.htm。

爾共建低碳示範區，與衣索比亞、巴基斯坦、薩摩亞、智利、古巴、
埃及等 30 多個開發中國家開展了 40 個減緩和適應氣候變化專案，
在中國共舉辦了 45 期南南合作培訓，爲來自 120 多個開發中國家約
2,000 名氣候變化部門的官員和技術人員提供培訓。[34]

三、環境合作的理想與現實之間的差距

中國在環境合作中傾向於使用「南南合作」一詞，部分原因是出
於外交上的權宜之計，希望將自己定位爲開發中國家。在全球環境問
題上強調開發中國家與先進國家之間的責任差異後，中國希望未來也
繼續提供力所能及的援助，但並不打算放棄其代表開發中國家意見的
外交地位。根據 2021 年 1 月發布的《新時代的中國國際發展合作》
白皮書顯示，中國將持續以「南南合作」爲基本方向。[35] 換言之，中
國將繼續保持世界最大開發中國家的地位，並強調中國的發展合作是
開發中國家之間的互助，與南北合作有本質上的區別。

此外，雖然中國表現出了推動環境合作的意願，但其實行能力仍
面臨許多挑戰。即使是習近平大肆宣揚的專案，也沒有得到很好的落
實，例如 2015 年向國際社會承諾設立的「中國氣候變化南南合作基

---

34 參見《中國應對氣候變化的政策與行動 2022 年度報告》（北京：中華人民共
   和國生態環境部，2022 年 10 月），頁 48。

35 白皮書將「中國的國際發展合作」定義爲：「在南南合作框架下，透過對外
   援助等形式，在經濟和社會發展領域開展的雙邊和多邊國際合作，包括人道
   主義援助。」

金」，由於相關部門之間協調困難等情況，一直沒有正式成立；[36] 截至 2022 年 7 月，中國僅爲氣候變化南南合作捐贈 12 億人民幣 [37]。就「10-100-1000」專案而言，唯一成功的是人才培訓。

現有的氣候變化南南合作基金存在制度性難題，如使用範圍有限，因此無法開展多樣且靈活的合作，且不符合受援國的需求、受援國管理制度不健全等情況，導致在實施面上遭遇許多困難；[38] 例如，應對氣候變化的南南合作計畫形式可分爲贈送物資、特殊專案、技術合作與人才培訓等，其中，贈送物資從程序上來看難度相對較低，因此更容易實施，但也存在提供物資趨於單一性、與受援國需求不一致等挑戰。除此之外，在資金和制度限制下，人才培訓是中國最積極實踐的形式，這些努力也符合中國將經驗輸出的目標，然而，培訓內容和方法的完善，以及評估系統的建立卻進展緩慢，因此很難評估這些培訓是否滿足了受援國的需求，以及實現中國的戰略目標。[39] 至於 2019 年啓動的「一帶一路應對氣候變化南南合作計畫」並未提供具

---

36 張志強等，〈積極參與和引領應對氣候變化南南合作：現狀、問題與對策〉，《環境經濟研究》，第 1 期（2022 年），頁 30。

37 中國宣布於 2015 年設立 200 億人民幣的「中國氣候變化南南合作基金」，但迄今僅出資 12 億人民幣，約爲該基金 6% 左右，參見 Byford Tsang, Belinda Schape, amd Alexandra Hackbarth, "Follow the Money Chinese Climate-related Finance: To the Global South," (E3G, 2023).

38 劉碩等，〈中國氣候變化南南合作對《巴黎協定》後適應談判的影響〉，《氣候變化研究進展》，第 14 卷第 2 期（2018 年），頁 210-217。

39 于曉龍、劉援，〈應對氣候變化南南合作物資贈送項目評價研究〉，《氣候變化研究進展》，第 17 卷第 5 期（2021 年），頁 608-620。

體細節，目前尚不清楚與以往南南合作有何不同，且迄今南南合作的實施成果似乎被等同「一帶一路」計畫成果。

如上所述，2023 年 10 月，習近平主席宣布中國為支持高品質共建「一帶一路」所採取的 8 項行動、促進綠色發展計畫，包括建立綠色低碳專家網絡，以及在 2030 年前為夥伴國家培訓 10 萬人等，這些具體計畫可以看作是迄今為止環境合作倡議中特別成功和可行領域的結果。

肆、結論

本文大致介紹了「綠色一帶一路」的內容。「綠色一帶一路」將中國國內的舉措擴大到世界（構建全球生態文明），以綠色發展為理念，並以成為促進環境友善型的投資與貸款及環境合作的平台為目標，擴大環境合作網絡是該倡議特別突出的成果。

中國自 2013 年以來提出的「一帶一路」倡議受到國際社會普遍質疑，不僅是因為債務問題，還因為該倡議對環境造成了負面影響，以及可能會阻礙專案實施國採取環保措施和氣候變化應對措施。因此，中國不得不調整「一帶一路」倡議內容與方向，強調以更環保的方式來實施，並在「一帶一路」中更加強調綠色發展和永續性，還提到與《巴黎協定》和《2030 議程》的一致性。這帶來了一些變化，比如國際社會長期擔憂的中國在海外煤炭投資受到了限制，使可再生能源投資的比例增加。不可否認，這些變化的某些方面是由與國際社

會的互動和外部壓力所帶來的，從而導致中國海外行為的轉變。

　　與此同時，以推動氣候變化問題南南合作和「綠色一帶一路」倡議作為代表的新時期環保合作，可視為中國在國內環保工作的基礎上，並在更加積極的外交政策下，以擴大影響力和話語權的戰略手段，以及與其他開發中國家維持聯繫之舉措。換言之，「綠色一帶一路」的推進，既是來自外部壓力的行為轉變，也是符合中國外交戰略之內在需求的行動。

|第七章|
冰上絲路：
中國北極政策之進展與影響

表娜俐*

* 北京清華大學政治學博士。現任韓國國立外交院（KNDA）研究員。曾任
韓國西江大學中國研究中心研究員、湖西大學講師。研究領域爲當代中國
外交行爲、文化與國際關係、非傳統安全（灰色行動與公共外交）等。

壹、前言

「冰上絲路」係中國「一帶一路」倡議向北極地區之延伸，始於習近平於 2017 年 7 月向俄羅斯之提議。除了物流擴張及資源發展透過「冰上絲路」有顯著成長之外，2018 年 1 月的《中國的北極政策》白皮書也明列了具體計畫，使國際愈發注目中國在北極施加影響力之努力。

近年來，北極逐漸成爲圍繞著未探索資源、經濟發展潛力及地緣政治重要性之競逐場域。中國將氣溫急遽上升導致北極永凍土及冰河融化視爲其外交政策戰略發展之機遇，即便缺乏部分地理條件支持，中國仍透過與俄羅斯的穩定合作加入北極角逐之列；儘管俄羅斯在北極開發中占據主導地位，惟 2022 年入侵烏克蘭招致其國際地位孤立，不啻提供中俄合作之有利背景。

中國涉入北極議題並不只是因爲符合國際情勢，更有長期研究及國內政策考量之根源。中國雖將「冰上絲路」納入「一帶一路」外交戰略當中，特別是相較「一帶一路」之其他路線，「冰上絲路」並無歷史先例，突顯其重要性及中國著眼之利益。2017 年中共十九大明確提及「一帶一路」乃中國長期重視之國家核心戰略。爰此，開發北極地區可被預期爲未來在中國政策中占顯著地位，爲此，中國已向能發揮實際影響力之北極國家提出合作，惟多數國際社群依舊質疑其動機，並認定其行爲將構成國際安全之威脅。「中國威脅論」將中國在北極的涉入詮釋爲擴張其國際影響力及建構海權之努力，最終將導致

不可避免的大國關係緊張。

　　本文將檢視 2017 年以來中國在北極之目標，並評估其成就及限制。從初始討論至政策形成，聚焦中國政府在《中國的北極政策》白皮書中公開明述之立場。在探討「冰上絲路」之背景後，分析「冰上絲路」於中國外交關係脈絡下的重要性，同時亦闡述其成就及限制，並進一步探討中俄關係；俄羅斯坐擁北極各式有形及無形之資產，而美國則對中國的北極野心抱持警惕。透過本文分析，將提供區域國家在北極之機會以及需要留心之處。

貳、冰上絲路之概念背景與重要性

　　在習近平於 2017 年 7 月至莫斯科提議共同建構「冰上絲路」後，2018 年 7 月之《中國的北極政策》白皮書提供了更詳細的說明。儘管離北極有 3,000 多公里之遙，中國仍視己身為「近北極國家」（Near-Arctic Nation），堅稱有權干預北極事務並扮演重要角色，並將「冰上絲路」視為「一帶一路」政策一環。

一、中國關於北極之初始討論

　　中國對北極議題的涉入可追溯回中華民國時期。1925 年中華民國與其他 14 國共同簽署《斯瓦巴協議》（Svalbard Treaty），確認斯瓦巴群島主權歸屬並確保各簽約國具有同等經濟活動權利。至於目前中國涉入北極事務則自 1991 年起獲得動能，探險家高登義在 1990 年代早期參與北極探險活動，大大影響了中國對北極之認知與政策。

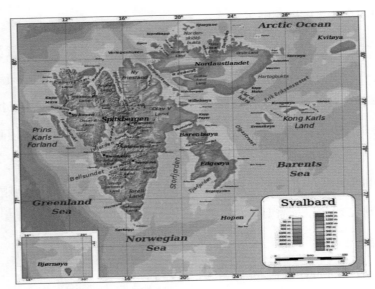

圖 7-1　斯瓦巴群島地理位置

資料來源：OonaRäisänen, "Topographic map of Svalbard," *World History Encyclopedia*, Janury 8, 2022.

　　由於在北極區域內並未擁有地理資產，中國乃以謹慎低調態度面對北極事務，認知到涉入北極事務將極具挑戰，特別是相較南極，前往北極路線有限，故中國處理北極事務之態度十分小心謹慎。[1]中國針對北極事務之相關部門包含交通運輸部、自然資源部，以及交通運輸部下轄之海事局，[2]另外還有一些參與討論之單位與研究機構，例如自然資源部負責 2023 年第 13 次極地遠征，成立於 1989 年的中國極

1　楊劍，《北極治理新論》（北京：時事出版社，2014 年），頁 302、310。

2　根據中國在 2018 年 3 月公布之組織改造計畫，負責北極事務之中國海事局將強化與自然資源部之互動協調，http://www.gov.cn/guowuyuan/zuzhi.htm。

地研究中心則透過破冰船雪龍號提供觀察協助，後者持續負責北極相關之科學及技術研究；除此之外，中國科學院亦藉由建立基地涉入北極，例如 2002 年建設北極科學研究基地與 2004 年在斯瓦巴群島建設黃河站。中國開發北極航道（Arctic route）始於 1993 年自烏克蘭取得破冰船雪龍號，該船自 2009 年起用於開發北極航道，其獨立建造之雪龍 2 號則參與了 2019 年極地遠征。

　　作為試圖開發北極航道的一部分，中國遠洋運輸集團（COSCO）於 2013 年 8 月及 2015 年 10 月成功透過東北航道從大連及天津到達歐洲大陸。除了將北極開發列入「十二五計畫」（2011-2015），中國的交通運輸部並於 2015 年 11 月出版了《北極航道輿圖》，至於 2018 年 1 月出版之《中國的北極政策》白皮書則在揭露中國開發北極之構想，廣泛吸引國際關注。

二、政策形成：北極政策白皮書

　　前述白皮書係由中國國務院新聞辦公室於 2018 年 1 月 26 日公布，目的在說明中國基於「負責任大國」推動北極行動之正當性。儘管白皮書強調中國對北極之潛在貢獻，本質上則反映中國實踐及保護自身利益的努力。進言之，北極政策白皮書有 4 個核心：（一）深入瞭解北極；（二）環境保護及因應氣候變遷；（三）理性運用北極資源；（四）積極參與北極治理及國際合作。

　　在「瞭解北極」部分，中國聲稱有權積極參與北極各項研究活動，例如地質學、地理學、冰雪科學、水文學、海冰、生物學、生態

學、地球物理學及海洋化學等領域。值得留意之處，係中國鼓勵名爲「北極社會科學」之研究，其範圍涵蓋政治、經濟、法律、社會、歷史、文化及活動管理層面，該白皮書並建議凝聚北極專家，在中國高等教育及「北極大學」（Arctic University）之間建構合作網絡。[3] 其次在「環境保護」部分，聚焦管理海洋汙染、保護北極生態及研究北極與全球氣候變遷之關聯。至於在「發展」部分，相較於前兩部分顯得更爲積極，且具高度政治意涵，不只由政府帶頭，也邀請企業共同參與開發及利用北極資源，尤其強調被稱爲「冰上絲路」的航道開發，充分顯示中國欲與其他國家共同開發此航道之野心。各項計畫包含支持基礎建設、進行商用船隻試航，以及國際協作。而白皮書亦提及如天然氣及礦物等資源之開發，除承認北極國家對資源擁有主權之外，中國亦暗示其企業將透過聯合模式參與北極天然氣及礦產開發，同時強調自身在《聯合國海洋法公約》下對北極漁業資源的權利。

最後在「參與」部分，中國表達希望在形塑、詮釋及善用與北極治理相關國際規範之影響力，包含呼籲在「一帶一路」框架下推動北極之跨國合作。中國以北極理事會（Arctic Council）一員身分，呼籲北極國家與非北極國家建立夥伴關係，[4] 例如 2012 年之《中國—冰島北極合作框架協議》與 2013 年在上海設立之「中國北歐研究中心」

---

[3] 北極大學乃是一個由眾多高等研究機構共同合作的網絡，致力於以北極爲核心之研究與教學，例如韓國的海洋水產開發院（KMI）和極地研究所（KOPRI）都是其非北極圈合作夥伴。

[4] 北極理事會包括 8 個北極圈成員和 6 個原住民組織，另有 13 個無投票權的觀察員國家（亞洲地區成員包括中國、韓國、日本、印度和新加坡）。

（包含 4 個中國研究機構及 6 個北歐研究機構）乃具體實例。此外，中國亦延續與俄羅斯之聯繫。

三、冰上絲路與國家戰略之整合

事實上，中國在北極的擴張深受俄羅斯鼓舞。俄國副總理羅戈津（Dmitry Rogozin）在 2015 年 12 月「北極之現狀與未來」會議中，便建議中國參與北海航道之基礎建設，並提出「冰凍絲路」（Cold Silk Road）一詞，[5] 該項構想原來僅限於北海航道重要港口之鐵路貨物運輸，但中國重新定義並擴張此概念為目前之「冰上絲路」。

2017 年 6 月 20 日，中國國家發展和改革委員會及國家海洋局共同發布將北極航道發展整合進「一帶一路建設海上合作構想」當中，該文件指出，中國將積極建設 3 條連通北極與歐洲之「藍色經濟通道」，包括「冰上絲路」。[6]「藍色經濟通道」反映出中國基於高度依賴海事資源及航道以支撐其經濟，從而藉此主導全球海運網絡之野心。[7] 前述政策構想揭露中國嘗試主導海運之戰略目標，以「冰上絲路」為中心的計畫，包括藍色經濟通道之「聯合企業試點計畫」、

---

[5] ХолодныйШелковыйпуть. Китайпридет с деньгаминаСевер [EB/OL]. Экономика Сегодня.7 декабря 2015 г, http://rueconomics.ru/133243-holodnyiy-shelkovyiy-put-kitay-pridet-s-dengami-na-sever.

[6] "Full Text of the Vision for Maritime Cooperation under the Belt and Road Initiative," *The State Council, The People's Republic of China*, 2017, https://english. www.gov.cn/archive/publications/2017/06/20/content_281475691873460.htm.

[7] 王志民，〈西南周邊地緣態勢與南方絲綢之路新戰略〉，《東北亞論壇》，第 1 期（2014 年）。

「聯合企業系統」、「新意識形態」及「海事財務公共財計畫」等。
同一日，國家發展和改革委員會及國家海洋局並宣布《一帶一路倡議
下海事合作願景》，正式將北極航道發展納入「一帶一路」。

圖 7-2　冰上絲路與一帶一路之連動

資料來源："China Wants to be a Polar Power," *The Economist*, April 14, 2018.

　　在公布北極政策數月後，中國替「亞馬爾能源計畫」（Yamal
Project）從一帶一路資金中匯集超過 14 億美元，成為此一戰略最大
之建設計畫，從而顯示北極開發在「一帶一路」框架下的重要性。中
國不僅要開發後勤航道，其目標乃建立「冰上經濟走廊」，並將其定
位為經濟及貿易發展重點，[8]包含沿岸貨運港口之區域經濟區之整合及

8　〈中華人民共和國和俄羅斯聯邦關於進一步深化全面戰略協作夥伴關係的聯合
　　聲明〉，《人民日報》，2017 年 7 月 5 日，3 版。

聯通。很明顯地，「冰上絲路」與中國總體外交政策及國家戰略目標緊密相連。

參、冰上絲路之成就與限制

中國自 2013 年以觀察員身分加入北極理事會後，除積極進行研究，並成功透過東北航道定期航運為進入北極奠定基礎。惟中國在北極缺乏地理資產，使其有意義參與北極活動面臨根本限制，因此需要與北極國家合作，而這項根本性限制乃中國將北極政策與「一帶一路」倡議結合起來的背景。此處將嘗試回顧自 2017 年以來，中國在北極活動之成就與限制，並分為經濟、安全和環境層面等 3 個領域各自陳述。

一、經濟層面

從經濟角度來看，冰上絲路的價值在於高效率航線和資源開發，因此中國最初的戰略重點顯然是開闢北極航道，正如白皮書所強調，「北極航線是一條有前景的國際貿易運輸通道，我們將支持基礎設施建設與常態化試航」。冰上絲路宣布後不久，中國便在 2017 年 12 月 5 日至 6 日於吉林大學召開了冰上絲路論壇，昭示了中方對於相關建設的期待與決心；在此，中國所稱的北極航線主要係指東北航道而言，[9] 根據北極理事會介紹，這條航線從歐洲西南部，經由西伯利亞北

---

[9] 北極航道可分成東北航道（Northeast Passage）和西北航道（Northwest

部沿岸，橫貫歐亞大陸北側，最後再跨越白令海峽後抵達太平洋，航線全長約 2.2 萬公里，乃是可同時連接北美、東亞、西歐三大經濟區之最短路線。

由此可見，中國發展冰上絲路的理由在於透過大幅縮短目前經蘇伊士運河到達西北歐的航線，以降低物流成本。儘管中國聲稱通過北極航線的國際水上運輸量相對較低，每年約20萬噸，[10] 但仍有人提出未來增加運量的論點。截至 2023 年，中國通過北極航線的交通量呈現上升趨勢；儘管中國具體國際海上運輸量確實具挑戰性，惟考慮到俄羅斯遠東發展部報告指出北極航線運輸量從 2014 年 400 萬噸增加到 2022 年 3,410 萬噸，可以想像中國在此期間的能源運輸應該有所增加。[11] 順應此一趨勢，中國於 2023 年 7 月在中俄北極航線上開通了定期貨櫃運輸服務。[12]

為了確保北極航線的後勤有效性，從經濟效益角度來看，有若干需要解決的問題；儘管北極航線具有運輸距離較短的優勢，由於自然

Passage）兩條，儘管前者為優先開發對象，而靠近北美洲的後者存在著航行障礙，中國仍計畫經由西北航道開闢由上海前往紐約的航線。

[10] 2016 年行經北極東北航道約 1,705 航次，總運量約 726.6 萬噸，其中 1,570 航次為俄羅斯國內運輸，中國所占比例並不高。

[11] 環球時訊，〈2022 年北極航道貨運量達 3410 萬噸〉，《駐哈巴羅夫斯克總領事館經貿之窗》，2023 年 2 月 28 日，http://news.u74.cn/news/rdzz/2023/0228/52145.html。

[12] 〈中俄北極航線集裝箱班輪啟動儀式在莫斯科舉行〉，《人民網》，2023 年 7 月 9 日，https://baijiahao.baidu.com/s?id=1770908047415923738&wfr=spider&for=pc。

環境中持續存在冰山導致運輸成本較高，北極航道並未被積極使用為
運輸路線。例如，有必要在貨櫃船之前部署破冰船或營運冰級船舶。
中國雖建議利用融冰的夏季進行運輸，但這在物流上可能並不明智，
因為要提高物流路線的成本效益，單價和運輸穩定性至關重要；為使
定期商業運作可行，每年至少應有 100 天的定期運輸時間，[13] 若根據
季節和氣候限制以致反覆停駛和恢復運營，運輸穩定性就無法保證。
除此之外，北冰洋還面臨溫度波動、結冰頻繁、水深低、貨物變形等
嚴峻挑戰。[14]

　　中國另一個重大利益在於開發北極地區的石油、天然氣和礦產資
源。考慮到中國發展對資源消耗型產業的依賴，且北極估計儲存全
球 10% 的石油量和 25% 天然氣量，自然引發中國關注。白皮書亦確
認此種論點，[15] 中國第一個北極計畫是亞馬爾液化天然氣開發計畫，[16]
亞馬爾半島屬於俄羅斯管轄範圍，被認為是該地區石油和天然氣蘊藏
潛力最大區域，該計畫從 2017 年開始透過破冰性船隻供應液化天然
氣，並與俄羅斯在 2017 年 12 月簽署了《亞馬爾半島能源協議》，兩
國於 2021 年 6 月簽署 LNG-2 計畫協議，中國浙江省能源集團擁有該

---

[13] 由於氣候暖化導致北極持續融冰，此處指出之威脅與障礙可能逐漸降低。

[14] 韓國嘗試參與北極運輸的企業包括 2013 年的 Hyundai Glovis、2015 年的 CJ
Logistics、2016 年的 Pan Ocean，至於 SLK Kukbo 也嘗試透過北極航線輸送
貨物至哈薩克；不過，其中只有 Hyundai Glovis 實際進行了一年的商務運轉，
2017 年後已無韓國企業利用北極航線。

[15] Charlotte Gao, "China Issues Its Arctic Policy," *The Diplomat*, January 26, 2018.

[16] 該計畫合作夥伴包括俄羅斯的諾瓦泰克（Novatek）和法國的道達爾（Total）
集團。

計畫的液化天然氣接收站。

中國在北極的資源開發存在內在限制。由於北極理事會和大陸礁層界限委員會（CLCS）不願捲入政治事務或參與協議，大部分相關紛爭都是透過北極沿海國家之間的私下協商來處理。在被稱為「北極國家」的 8 個北極理事會成員國中，俄羅斯、加拿大、美國、挪威和丹麥擁有重要話語權。由於缺乏可被視為「北極大陸」的大片領土，即使中國根據《斯瓦巴協議》聲稱可以自由進入北極，也無法主張直接權利，包括資源所有權，並且，這種狀況不太可能發生巨大變化，因此中國要爭取北極資源的開發權，必須與上述擁有北極權利的國家合作。

與中國合作最為積極的國家是俄羅斯。自冷戰以來，俄羅斯一直認為北極具有關鍵之戰略重要性，且聲稱擁有北海航道，而大多數已開發的油氣田也位於俄羅斯海岸附近。由於俄羅斯缺乏開發資金，且因入侵烏克蘭之故，致使俄羅斯欲退出北極理事會，因此與中國的合作提案增多，其互動甚至擴展到軍事演習，為中國創造了良好的環境。除了俄羅斯，中國也透過間接方式探索與其他北極國家的合作機會，例如投資格陵蘭（Greenland），儘管成果有限。[17] 2018 年，中國試圖透過投資擴建機場以購買格陵蘭海軍基地，但遭到丹麥政府反對；中國聲稱這次反對是美國精心策劃的。除此之外，根據挪威和冰

---

[17] 格陵蘭為丹麥屬地，1979 年取得自治權，2008 年再經由公投取得政治獨立地位，由於缺乏資金自我開發，國防與外交仍由丹麥代理，但後者支持其經濟獨立性。

島的先例，中國擴大北極地區基地的嘗試也遭到阻止。

二、安全層面

　　隨著中美戰略競爭加劇，北極地區地緣政治利益不斷上升，國際社會對於中國介入北極可能帶來的安全失衡表示嚴重擔憂，特別是考慮到中國在南海領土主權爭端的態度，甚至即便身為中國主要合作夥伴的俄羅斯，也對其最近的北極擴張感到些許擔憂。儘管中國聲稱北極利益應由全球共享，針對其周邊的海洋主權問題並沒有表現類似立場。惟國際社會普遍認為，允許中國參與北極治理將帶來威脅，因為如果中國「感覺」自己的利益受到侵犯，便可能作出堅決的回應。[18]儘管中國副外長孔鉉佑公開保證，無意引起國際對中國參與北極事務的擔憂，[19]北京承認國際輿論對其並不友善。儘管中國一再聲稱將遵守國際法並透過對話合作解決問題，仍被認為不足以建立國際信任。[20]如果中國要求北冰洋的自由航行和共享主權，其他國家可能會在南海提出類似要求，因此需要作好應對此類問題的準備。

　　從中長期來看，局勢或因中國捲入北極緊張氛圍而升級。以

18　Linda Jakobson, "Beijing's Arctic Goals Are Not to be Feared," *Financial Times*, May 20, 2013, https://www.ft.com/content/3dfd6f16-bef1-11e2-87ff-00144feab7de.

19　〈外交部副部長孔鉉佑出席《中國的北極政策》白皮書新聞發布會並回答記者提問〉，《中華人民共和國外交部》，2018 年 7 月 9 日，https://www.mfa.gov.cn/web/wjb_673085/zzjg_673183/tyfls_674667/xwlb_674669/201801/t20180126_7670864.shtml。

20　以韓國媒體為例，如果搜尋「中國、北極、冰上絲路」，多數評論都充滿批判與質疑。

2001 年以來羅蒙諾索夫海嶺（Lomonosov Ridge）之大陸架延伸爭議為例，該問題已提交給聯合國大陸礁層界限委員會處理；俄羅斯政府聲稱它是西伯利亞大陸的一部分，加拿大、丹麥和其他國家則不同意，因此，近 10 年來相關國家的軍備競賽趨勢明顯：俄羅斯建造了更多軍事設施，在莫曼斯克地區駐紮作戰部隊，並在北極測試高超音速飛彈；加拿大增加國防開支，部署 5 艘海軍艦艇，並在北極空域進行戰機巡航；挪威將軍事總部北移並成立「北極旅」，丹麥也組建北極應急部隊；先前對北極相對冷漠的美國，時隔 30 年於 2023 年 6 月向位於北極圈的挪威城市特羅姆瑟（Tromsø）派遣領事官員，並恢復訓練演習「冰上演習」（ICEX）。為了對抗俄羅斯不斷擴大的軍事能力，美國主要透過與北極國家軍事協議來加強其網絡，例如美國在 2023 年與瑞典和芬蘭簽署安全協議，並修訂了與挪威之現有協議，而與丹麥的討論也正在進行中。

　　這些趨勢同時對中美戰略競爭產生影響。美國長期以來一直反對中國在北冰洋進行活動，因為此地區有利於核潛艇移動和隱藏。[21] 2021 年 8 月，中國在北冰洋偏遠地區的流冰上安裝「極地冰面聲波監測浮標系統」，對於該系統收集的聲學資訊用途，中國和其他國家存在不同看法。根據 2023 年 4 月戰略與國際研究中心（CSIS）研究報告指出，中國的北極探索看似集中於科學研究，但廣泛的海洋調查

---

21 연합뉴스국제，〈중국，북극항로·자원탐사박차…지정학적긴장고조〉，《연합뉴스》，July 18, 2023，https://www.hankyung.com/international/article/202307185237Y。

和聲學建模可以支持其海軍（PLA-N）活動。[22] 儘管俄羅斯最初對中國在北極的軍事活動表示擔憂，惟最近的合作以及 2023 年 8 月在阿拉斯加附近的聯合海軍巡邏表明，隨著國際孤立處境愈發明顯，俄羅斯與中國走得更近，其反對態度也有所減弱。

三、環境層面

白皮書最初強調了中國在解決北極環境影響和破壞問題上的作用，這是國際社會擔憂中國在北極資源開發過程中可能發生潛在環境破壞的有意識回應。1989 年阿拉斯加附近的瓦茲號（Exxon Valdez）漏油災難仍然縈繞在全球記憶中，該事件洩漏了 16.3 萬噸石油，汙染了 2,000 公里的海岸線。如果中國在北極鑽探開採的石油或天然氣在運輸過程中發生類似事件，由於中國搜救能力不如已開發國家，可能對沿海國家造成重大汙染和損害。且中國尚未提供解決北極潛在甲烷氣體問題的具體措施，人們擔心隨著中國對海鮮需求不斷增加，如果在北極漁場大量捕撈鮭魚和鱈魚，將對海洋生態系統造成威脅。

與北極氣候變遷相關的環境問題與保護北極原住民是傳統合作面向。例如歐盟於 2016 年提出「北極綜合政策」（Integrated EU Policy for the Arctic），強調北極氣候變遷與環境保護、北極與鄰近地區永續發展，以及北極議題的國際合作。中國表示將根據國際法考慮周邊

---

[22] Matthew P. Funaiole, BrianHart, Joseph S. Bermudez Jr., and Aidan Powers-Riggs, "Frozen Frontiers China's Great Power Ambitions in the Polar Regions," *CSIS*, April 18, 2023, https://features.csis.org/hiddenreach/china-polar-research-facility/.

國家、北極原住民（因紐特人）和北極利益相關者的利益，[23] 然而，值得注意的是，其所提供者多為理論性的資訊。中國自 2012 年起發布《全球生態環境遙感監測年度報告》；鑑於相關研究的兩大主題是「極地冰雪和植被變化」，預計中國已經累積了大量數據。作為北極開發的後來者，中國將不得不依賴與北極相關國家的合作，而克服這些國家對中國的負面看法，可能會成為決定中國能否參與的關鍵因素。儘管最近的國際事態發展，人們愈來愈以安全視角討論北極問題，但如果中國尋求長期參與，為北歐國家主導的環境問題提供有效之解決方案仍相當重要。

肆、中國北極政策與國際關係

中國北極政策實施的可行性，預計取決於與北極主要大國俄羅斯的關係，以及與中國戰略競爭加劇的全球大國美國的關係。

一、中國北極政策與中俄關係

俄羅斯是「冰上絲路」一詞的正式創造者，也是中國北極開發的重要合作夥伴。中俄合作稱為「中俄冰上絲路」，是中國北極發展策略的具體實施方案與依據。最初的期望是，這種合作將超越專注於北極航線開發之單一目的，擴展到資源開發和軍事領域。習近平指出，

---

23 楊劍，〈北極航道：歐盟的政策目標和外交實踐〉，《太平洋學報》，第 3 號（2013 年），頁 41-50。

「兩國將共同開發利用北極航線，建設冰上絲路，建設北極航線是實現更廣泛的冰上絲路構想的手段」。2017 年 12 月，中俄達成《亞馬爾半島能源協議》，共同開發西伯利亞半島油氣。亞馬爾液化天然氣計畫預計投資270億美元，被中國譽爲「北極明珠」，是「一帶一路」倡議提出以來首批實施的大型海外計畫之一。

俄羅斯作爲最強大的北極國家，可以大力支持中國的北極事業。俄羅斯擁有北極活動所需的最豐富的技術和設備，像是俄羅斯利用 Mir-1 和 Mir-2 潛水器成功進行首次北極水下勘探，並同時擁有 32 艘破冰船，其中 6 艘是世界上唯一的核動力破冰船，對北極行動至關重要；俄羅斯也擁有最豐富的北極資源，包括北極地區 10 個大型油田中的 9 個和 50 個天然氣田中的 44 個。[24]

不過，俄羅斯歷來對中國保持謹慎態度，儘管兩國之間開展前所未有的高層外交合作，然依舊保留並迴避最高層級軍事戰略聯盟，暗示著潛在的複雜性。[25] 俄羅斯對歐洲有很強的心理親和力，與中國在民族及文化上有較大差異，缺乏共同的特殊歷史經驗。除此之外，包括中國仿製俄羅斯武器、俄羅斯遠東地區中國居民問題等累積的衝突也阻礙著兩國建立深厚信任。俄羅斯對非北極國家開放北極以及毗鄰其領土的北方航道主權持消極立場，儘管俄羅斯需要資本和技術合作，然中國的參與卻因缺乏堅實的信任基礎而受到限制。考慮到俄羅

---

[24] Christoph Seidler, *Arktisches Monopoly* (Seoul: The Soop, 2010), p. 129.

[25] 문홍호，〈중국과러시아의전략적협력과북한〉，《중소연구》，35 권 3 호（2012）。

斯石油和天然氣公司等著名國有能源公司日益惡化的處境，與包括中國石油天然氣集團（CNPC）在內之中國能源公司的合作顯得至關重要。俄羅斯外長拉夫羅夫表示，中國是俄羅斯北極開發最重要的合作夥伴。2017 年，俄羅斯的合作願望僅限於資源開發，中國則尋求資源開採以外的合作，目標是北極東北航道和西北航道的運作以及共享主權，當時俄羅斯總體上表達消極立場，這與中國透過學者和民間意見提出的提議背道而馳，俄羅斯甚至對中國一旦擁有破冰船技術便可自由穿越北極航線表示擔憂，例如，聯合造船公司（USC）董事長拉赫曼諾夫（Alexei Rakhmanov）便認為將破冰船技術交給中國只會助長俄羅斯的競爭對手。

然而，俄羅斯對中國在北極的擴張除了擔憂之外，俄羅斯政府顯然也高度重視與中國的合作，[26] 認為中國是反對以美國為首的西方經濟制裁的唯一支持力量。2019 年，中國推出在俄羅斯協助下開發自主建造的科考破冰船雪龍 2 號，中國海軍亦積極使用海冰 AZB722、723 等艦艇；而俄羅斯的技術支援也可以用於未來核動力航母的建造。由於俄烏戰爭，俄羅斯以亞洲為中心的政策轉變此一轉捩點，可能會促進中俄北極合作。俄羅斯政府和俄羅斯天然氣工業股份公司面臨西方阻止俄羅斯能源供應的制裁，可能會使其將液化天然氣目標市場從歐盟轉向中國。

---

[26] 俄羅斯總統普丁在 2017 年 12 月 8 日參與了亞馬爾天然氣田（Yamal LNG Plant）啟動儀式與輸送前往中國的啟航儀式。

　　然而，由於北極動態涉及各方利益者之反覆合作與競爭，中俄戰略協調或將在重疊時期和領域繼續進行，但利益衝突可能導致兩國在各自利益領域中走獨立路線。在俄羅斯以外之國家當中，中國航運公司是迄今為止在北極航道中最活躍者。儘管如此，由於 2022 年 2 月俄羅斯入侵烏克蘭後招致西方制裁，中國國有航運公司中遠集團至今仍未曾投入北海航線作業。

二、中國北極政策與美中關係

　　全球超級大國美國在北極活動明顯落後於其他北極國家。歷史上，美國在涉及俄羅斯、加拿大等其他北極沿岸國家的資源、過境及相關事務之北極議題上保持相對被動的態度。[27] 1867年購買阿拉斯加雖然被認為是美國北極政策的一部分，但更多是出於制衡俄羅斯和加拿大的考量，而非北極政策考慮的直接結果。因此，美國對北極事務的態度乃基於全球戰略視角，而非作為北極國家的視角。正如觀察顯示，美國的北極政策直到最近似乎基本上保持不變，探險家皮里（Robert Peary）首次成功的北極探險發生在近一個世紀以前，以致與亞太地區、中東和歐洲相比，北極在美國全球戰略影響力中的地位相對較低。

　　邁入 21 世紀，隨全球暖化致國際社會對北極關注度上升，美國才開始發表自己的看法。2013 年，美國制定了《北極地區國家戰

---

[27] Rob Huebert, "United States Arctic Policy: The Reluctant Arctic Power," *SPP Briefing Paper*, Vol. 2 (2009), pp. 189-225.

略》，主要包括促進國家安全利益、履行北極管理責任、加強國際合作等 3 個面向。[28] 報告顯示美國對以下幾個領域較感興趣：（一）確保美國安全；（二）保證資源和商業的自由流動；（三）環境保護；（四）滿足本土需求；（五）加強科學研究。考慮到這些因素，當我們將美國的北極戰略與加拿大或俄羅斯的戰略進行比較時，[29] 就會發現其明顯不同之處在於，美國的戰略沒有提及該地區的發展或資源。

表 7-1　美國、俄羅斯與加拿大之北極戰略目標比較

	美國	俄羅斯	加拿大
與美國共通點	確保國家安全 履行北極管理責任 加強國際合作	行使主權 生態環境保護	行使主權 環境遺產保護 良好治理
與美國相異點		社經發展 開發自然資源 開發北方航道	促進社經發展

　　因此，如果中國參與北極的目標是建立物流網絡和參與資源開發，則美國並不是最佳合作夥伴。美國對北極開發興趣有限，即使要開發，也沒有動力考慮與中國合作。相對地，如果中國出於軍事和安全目的進入北極，美國更可能選擇警惕和排斥而非合作。美國歷來對北極安全缺乏關注，這往往是其本國公民不滿的一個根源。美國國務

---

28 The White House, *2013 National Strategy for the Arctic Region*, https://obamawhitehouse.archives.gov/sites/default/files/docs/nat_arctic_strategy.pdf.

29 Government of Canada, *Canada's Northern Strategy*, August 16, 2013, www.actionplan.gc.ca/en/page/accomplishments-north.

院認爲，除了自冷戰初期以來進行的戰略潛艇巡邏外，海軍沒有必要駐紮在北極，理由是該地區沒有明顯衝突，[30] 美國在 2022 年之前也沒有計畫在北極建造任何基地或補給港口。[31] 研究人員評估美國海軍在北極缺乏影響力，並表示「美國海軍在北極地區的影響力極爲有限，與全球他方無法相比」。[32] 當中國試圖購買格陵蘭廢棄海軍基地時，美國才開始關注北極事務；[33] 此事緣起於 2016 年中國鋼鐵貿易商俊安集團在格陵蘭購買了一座礦山，但卻突然表示有興趣收購與礦山無關的海軍基地，最終遭到丹麥政府阻止。[34] 該事件作爲中國尋求占領老化的美國軍事基地，其象徵性引起了廣泛關注。[35] 雖然中國與格陵蘭開展業務並不罕見，考慮到格陵蘭經濟規模較小，倘若經濟高度依賴

---

[30] DOD, *DOD Arctic Strategy* (2013), https://dod.defense.gov/Portals/1/Documents/pubs/2013_Arctic_Strategy.pdf.

[31] OSUD, *Report to Congress on Arctic Operations and the Northwest Passage* (2010), p. 25, https://dod.defense.gov/Portals/1/Documents/pubs/Tab_A_Arctic_Report_Public.pdf.

[32] Andrew Holland, "National Security in a Rapidly Changing Arctic: How a Lack of Attention to the Arctic is Harming America's Interests," *Georgetown Journal of International Affairs*, Vol. 15, No. 1 (2014), pp. 79-88.

[33] Erik Matzen, "Denmark Spurned Chinese Offer for Greenland Base over Security," *Reuters*, April 7, 2017, https://www.reuters.com/article/us-denmark-china-greenland-base/denmark-spurned-chinese-offer-for-greenland-base-over-security-sources-idUSKBN1782EE.

[34] Martin Breum, "Analysis: Did the Danish PM Prevent a Chinese Acquisition on Greenland?" *High North News*, December 20, 2016.

[35] John Grady, "Panel: China Making Aggressive Moves in the Arctic," *USNI News*, April 8, 2018, https://news.usni.org/2018/04/08/panel-china-making-aggressive-moves-arctic.

單一項目，則可能會受到項目主導者之實際意圖影響。美國當時擔心的是，中國對不完全自治的格陵蘭施加政治影響，並與丹麥關係緊張，結果將影響北極地區穩定並挑戰美國安全。[36] 除此之外，中國開發北極航道將突破華府定義的「島鏈」防禦，從而為美國帶來沉重負擔；北極航線穿過美國領土阿拉斯加附近的白令海峽，與從阿拉斯加附近的阿留申群島經夏威夷延伸至紐西蘭的第三島鏈重疊。

如果大量物資和人力流經此處，中國軍隊可能隨之出現以保護航道周圍的國民、企業、船隻和資源為由，讓解放軍延伸到美國阿拉斯加領土附近，而中方甚至也不否定這種可能。例如《環球時報》評論表示：「中國艦隊遲早會在東太平洋進行巡航，當航母編隊有能力出現在美國海岸附近時，無疑會引發人們對海洋規則的重新思考；我們無須急於實現這一天，但顯然它不應該無限期推遲；我們不僅要超越第一島鏈，還要延伸到第二島鏈，到達中國艦隊從未巡航過的區域，如果我國航空母艦編隊有能力頻繁地在美國核心利益區活動，美國單方面向中國施壓的局面將改變，此時向華府提出合理要求，對方會覺得更容易理解。」[37] 這篇評論直白揭示了中國在增強經濟和軍事實力後，欲控制整個西太平洋的野心。綜合考慮這些情況，美國將中國的北極擴張視為威脅，因此願意幫助中國的可能性很小。

---

36 André Gattolin and Damien Degeorges, "China in Greenland: A Call for Deeper EU Political Engagement," *Euractiv*, March 28, 2018, https://www.euractiv.com/section/economy-jobs/opinion/china-in-greenland-a-call-for-deeper-eu-political-engagement/.

37 〈社評：遼寧艦編隊應當遠行，走出第二島鏈〉，《環球網》，2016 年 12 月 26 日，http://opinion.huanqiu.com/editorial/2016-12/9859198.html。

雖然美國參與北極事務的速度比中國慢，不過目前正不斷取得進展，從 2013 年一份題為〈北極地區國家戰略實施方案〉的 13 頁簡短報告開始，該戰略每年出版一次，持續關注安全、氣候變遷和環境保護、經濟永續發展、國際合作和治理等不同領域。[38] 由美國國防部、海軍、海岸防衛隊和北極研究委員會主要處理北極議題。2015 年 8 月，歐巴馬總統也首次造訪北極。

2023 年 12 月，美國國務院宣布在北極、大西洋、白令海、太平洋、馬里亞納群島、墨西哥灣等 7 個地區劃定「擴展大陸架」（ECS），而北極是其中最重要的部分；[39] 由於美國長期不批准《聯合國海洋法公約》，俄羅斯立即提出強烈反對，表示美國在長期不批准公約的情況下，不具備向聯合國提出追加主張的資格，事實上，這項主張也被加拿大、巴哈馬和日本等盟國視為美國繞過國際海事治理規範的作為，[40] 但與華府近期加強防線的舉措不謀而合，例如派駐北極議題特別代表、與北歐國家簽署國防合作協議，以及連續 10 年宣布北極戰略等，表明美國正在回應俄羅斯和中國在北極積極進取的威脅。

---

[38] 向白宮提出之 2022 年版報告在 2023 年 10 月 18 日公布，參見 *Implementation Plan for National Strategy for the Arctic Region*, October 18, 2023, https://www.whitehouse.gov/wp-content/uploads/2023/10/NSAR-Implementation-Plan.pdf.

[39] 這些地區面積達 98.7 萬平方公里，其中，北極地區占 52 萬平方公里。

[40] Abbie Tingstad, "The US Is Taking an Important, but Imperfect Step in Initiating Extended Continental Shelf Claims: What Are the Implications for the Arctic?" *Wilson Center*, December 19, 2023, https://www.wilsoncenter.org/article/us-taking-important-imperfect-step-initiating-extended-continental-shelf-claims-what-are.

伍、結論

中國對北極的興趣最初源自研究目的，但隨著政策白皮書的發布，已轉化為正式戰略，並與「一帶一路」倡議緊密相連，成為關鍵外交策略之一。2017年「冰上絲路」被明確提出後便納入中共近期目標，人們普遍期望此一戰略將持續推行；事實上，自2017年以來，中國積極參與北極之經濟、安全和環境等各領域議題。在經濟領域，以海上航線和資源開發為重點，中國取得了重大進展。然而在安全領域，由於大多數北極國家對中國的軍事部署感到擔憂，直到最近才與俄羅斯加強合作，主要是由於俄羅斯陷入國際孤立才取得實質成果。在環境領域，中國大體上保持理論性立場，並持續進行研究型活動。

儘管中國自稱「近北極國家」，惟現實情況是，如果不與其他北極國家合作，即使是建立冰上絲路的基礎（建造一條物流路線）也充滿挑戰。因此，白皮書強調與美國、俄羅斯、冰島、英國、法國、韓國、日本等7個國家的合作，還提到啟動韓國、日本和中國之間的對話管道以加強三邊合作。一般人可能對中國強調與法國、英國、韓國和日本的合作有疑問，因為這些國家並不被視為北極國家，不過，由於在北極占主導地位的俄羅斯與四成領土位於北極圈的加拿大歷來對非北極國家航行持負面態度，美國雖同意航行自由，但不太可能支持中國擴張航線，因此中國在最大限度地與俄羅斯合作並尋求其支持的同時，也須利用與美國友好國家的合作，同時透過與北極理事會觀察員的協調，間接倡導北極航線的國際化和允許無限制通行。

　　有鑑於此，韓國和日本等周邊國家主要考慮兩個面向：首先，周邊國家應評估中國北極開發對區域經濟的影響。就韓國而言，如果從重新開放北極航道角度來看，可能積極考慮與中國的合作，例如「羅津—哈山複合物流計畫」原本規劃由北韓、南韓和俄羅斯合資企業推動，2023 年 11 月江原道束草港一度恢復運營，然因南北韓關係緊張而暫停，這項發展突顯擴大北方貿易和建立歐亞物流網絡的重要性。韓國想介入與冰上絲路重疊的北極航線，也希望經由歐亞大陸鐵路，從首爾穿過朝鮮、中國、俄羅斯，最終到達德國。資源開發也同樣引起關注，過去曾試圖透過連接從俄羅斯斯科沃羅季諾（Skovorodino）延伸至中國漠河的第二條石油管道來解決能源問題，並進一步經由北韓到達大慶，但在俄羅斯入侵烏克蘭遭到國際制裁的情況下，與俄羅斯的合作（特別是北極液化天然氣 2 號計畫）不啻充滿風險。

　　其次，考慮到中國北極開發與其海軍力量增強之間的密切關聯，中國嘗試影響區域安全成為更敏感的問題。中國在 2012 年十八大正式提出「建設海洋強國」，並積極追求增強海軍力量和作戰能力來實現此一目標，[41] 這個選擇雖然考慮中國經濟對海洋的依賴，卻也同時從保護主權角度切入。[42] 如前所述，中國開發北極航線超越了單純的物流路線意義，冰上絲路需要從經濟和安全兩個角度綜合考慮。特別

---

[41] 양정학、김순수，〈중국의지부티군사보급기지건설의전략적함의〉，《신아세아》，Vol. 24, No. 2 (2017), pp. 127-149。

[42] 中共國家海洋局黨組，〈實現中華民族海洋強國夢的科學指南——深入學習習近平總書記關於海洋強國戰略的重要論述〉，《求是網》，2017 年 8 月 31 日，http://www.qstheory.cn/dukan/qs/2017-08/31/c_1121561793.htm。

是對於韓國和其他位於中國定義於 2020 年突破第一島鏈內的國家來說，對安全、主權和海外利益侵犯的擔憂不容忽視，而台灣和日本可能也有類似的擔憂。在中美戰略競爭的背景下，區域國家需要更多共同討論，以評估中國的做法及其對區域安全產生之各種影響。

第八章
中俄關係對中國之戰略意涵

魏百谷*

---

*　俄羅斯莫斯科大學政治經濟系博士。現任政治大學國際事務學院副院長、
　俄羅斯研究所副教授兼所長、台灣民主基金會董事。研究領域爲俄羅斯經
　濟與能源政策發展、中東歐國家研究等。

壹、前言

習近平於 2013 年 3 月 14 日就任國家主席後，旋即於 3 月 22 日飛抵莫斯科進行國是訪問，而俄羅斯也是其出訪的第一個國家。[1] 就國際環境而言，北京和莫斯科都企圖改變現有的國際秩序，共同反對美國主導的單極體系，皆主張建立多極的國際體系，並各自成為其中的一極。另就國內環境來說，維護政權的穩定，是習近平和普丁（Vladimir Putin）的主要目標，共同防範西方的顏色革命在其境內爆發，危及政權的穩定。此外，就中俄雙邊關係而言，自從 2014 年俄烏爆發衝突以來，莫斯科更加需要北京的支持。2014 年 3 月俄國併入烏克蘭的克里米亞，美歐對俄國採取制裁措施，莫斯科亦不甘示弱祭出反制裁的報復手段，導致俄國與美歐關係急凍。正因莫斯科與西方的關係不睦，促使克里姆林宮轉向東方，加強與北京的夥伴關係，尤其是在經貿和安全領域的合作。[2] 2022 年 2 月俄國入侵烏克蘭，西方加大對俄國的制裁，使得莫斯科更加依賴北京。

然而，北京是否同樣需要來自莫斯科的支持，或是說，中國為何在乎俄國，循此邏輯，本文旨在探討 2013 年習近平接掌國家主席之後，俄國在中國的對外戰略中具有的意涵為何。本文採用層次分析

---

[1] 〈習近平 22 日抵達莫斯科開始對俄羅斯進行國事訪問〉，《中華人民共和國中央人民政府》，2024 年 3 月 4 日，big5.www.gov.cn/gate/big5/www.gov.cn/govweb/ldhd/2013-03/22/content_2360285.htm。

[2] Alexander Gabuev, "Is Putin Really Considering a Military Alliance with China?" December 1, 2023, https://carnegieendowment.org/posts/2020/12/is-putin-really-considering-a-military-alliance-with-china?lang=en&center=russia-eurasia.

法，首先，從國際層次分析中國面對的國際架構與俄國所扮演的角色；其次，從國內層次剖析中國的國家發展，以及中方需要俄方的項目；第三，從領導人層次研析習近平和普丁的互動模式。本文分成 7 個部分，除前言和結論之外，第貳部分回顧中俄關係的重要歷程；第參部分討論中俄在國際架構的相互依賴；第肆部分聚焦於中國的國內政策；第伍部分是以領導人的互動爲中心；第陸部分探討中俄關係的未來走向。

貳、中俄關係的發展歷程

　　回顧中俄關係發展的脈絡，在 1991 年 12 月蘇聯解體後，中國旋即於 1991 年 12 月 27 日與俄羅斯簽署會談紀要，宣布雙方延續自前蘇聯之正式外交關係。1992 年 12 月時任俄羅斯聯邦總統葉爾欽（Boris Yeltsin）首次訪問中國，雙方就兩國關係簽署《中俄聯合聲明》，根據此份聲明，兩國互視爲友好國家，以平等互利原則，發展雙邊關係。1996 年 4 月葉爾欽再度訪問北京，兩國元首共同簽署聯合聲明，宣布兩國發展平等信任的戰略夥伴關係，同時，決定建立兩國政府總理層級的定期會晤機制。2001 年 7 月 16 日時任中國國家主席江澤民與俄國總統普丁於莫斯科簽署《中俄睦鄰友好合作條約》，確定兩國往來基本準則。除此之外，爭議多年的兩國邊界問題終獲解決，雙方於 2008 年 7 月 21 日簽署《中俄國界東段補充協定》議定書，

且於同年 10 月 14 日完成領土移交。[3]

一、深化新時代全面戰略協作夥伴關係

中俄於 1996 年建立「戰略協作夥伴關係」，接著於 2011 年提升為「全面戰略協作夥伴關係」，強調兩國關係是建立在平等信任、相互支持、共同繁榮以及世代友好的基礎之上。[4]為慶祝中俄建交 70 周年，習近平於 2019 年造訪俄國，兩國元首決定進一步提升兩國關係為「新時代全面戰略協作夥伴關係」，此為中國對外雙邊關係中首次出現「新時代全面戰略協作夥伴關係」的新表述以及新定位。[5]習近平在 2023 年 3 月展開第三個國家主席任期之際，隨即於同月 20 日至 22 日赴俄進行國是訪問，亦為其首個出訪的國家。兩國元首在莫斯科舉行會談，並發表關於「深化新時代全面戰略協作夥伴關係」的聯合聲明。雙方在聲明中指出，中俄關係具有不結盟、不對抗、不針對第三國的性質；兩國人民世代友好具有堅實根基，兩國全方位合作具

---

3 該議定書係根據 2004 年 10 月 14 日中俄兩國領導人簽署的《中俄國界東段補充協定》。〈為雙方利益中俄勘定邊界〉，《德國之聲》，2024 年 3 月 5 日，https://www.dw.com/zh-hant/為雙方利益中俄勘定邊界/a-3506463。

4 〈中國同俄羅斯的關係〉，《中華人民共和國外交部》，2024 年 4 月 2 日，https://www.mfa.gov.cn/web/gjhdq_676201/gj_676203/oz_678770/1206_679110/sbgx_679114/。

5 中國常與不同國家建立不同類型的夥伴關係或是合作關係。根據中國學者門洪華的研究可分成三大類：1. 全局性的夥伴關係；2. 戰略性的夥伴關係；3. 一般性的夥伴關係。其中，中俄的「全面戰略協作夥伴關係」屬於級別最高，且是唯一歸屬為「全局性的夥伴關係」類型的國家。轉引自〈中國外交：盤點北京如何將外國對華關係分門別類〉，《BBC News 中文網》，2024 年 3 月 5 日，https://www.bbc.com/zhongwen/trad/chinese-news-67387061。

有廣闊前景。[6]

二、延長《中俄睦鄰友好合作條約》

　　中俄視《中俄睦鄰友好合作條約》為規範兩國關係的原則性法律文件，該條約係於 2001 年 7 月 16 日簽署。2021 年適逢該條約簽署 20 周年，於是習近平主席和普丁總統在 2021 年 6 月 28 日舉行視訊會談並發表聯合聲明，正式宣布延長《中俄睦鄰友好合作條約》效期。[7]中俄領導人均高度評價該條約的歷史意義與價值，雙方並強調該條約是建構新型國際關係和人類命運共同體的實踐。據《中俄睦鄰友好合作條約》簽署 20 周年聯合聲明的闡述，建構新型國際關係對於中俄關係的意涵，是建立在平等相待、高度互信、恪守國際法、維護彼此核心利益、支持彼此捍衛主權和領土完整的原則上。再者，新型國際關係架構下的中俄關係不是類似冷戰時期的軍事政治同盟，而是超越該種國家關係模式、不謀求權宜之計、不帶意識形態色彩、全面考慮彼此利益、互不干涉內政、具有獨立價值、不針對第三國的新型國際關係。[8]

---

[6]　〈中華人民共和國和俄羅斯聯邦關於深化新時代全面戰略協作夥伴關係的聯合聲明〉，《人民日報》，2023 年 3 月 22 日，paper.people.com.cn/rmrb/html/2023-03/22/nw.D110000renmrb_20230322_1-02.htm。

[7]　兩國同意根據條約第 25 條的規定，延長該條約效期。第 25 條的條文載明，本條約有效期為 20 年，如果在本條約期滿 1 年前締約任何一方均未以書面形式通知締約另一方要求終止本條約，則本條約將自動延長 5 年，並依此法順延。

[8]　〈中華人民共和國和俄羅斯聯邦關於《中俄睦鄰友好合作條約》簽署 20 週年的聯合聲明〉，《中華人民共和國中央人民政府》，2024 年 3 月 14 日，big5.www.gov.cn/gate/big5/www.gov.cn/xinwen/2021-06/28/content_5621323.htm。

參、國際戰略的考量

就國際層次而言，中方有四個面向需要俄方的奧援。首先，中美對抗的態勢下，中國需要俄國助其一臂之力；其次，習近平力推的絲綢之路經濟帶倡議，莫斯科的態度是陸上絲路能否順利向西延伸的關鍵；第三，習近平的偉大復興戰略，要朝向海洋發展，則須先鞏固西北邊境的安全，而和中國有超過 4,000 公里陸上疆界的俄國，當屬重中之重；第四，針對習近平關切的議題，俄國能適時在國際場合表態，為北京爭取國際輿論的支持。

一、美中俄三角關係

在國際體系的架構下，美國認為中國和俄國都試圖改變現有的國際秩序，美俄關係因為俄烏戰爭更形惡化。俄國軍事入侵烏克蘭，破壞第二次世界大戰後歐洲大陸的領土疆界，華盛頓對基輔的援助不遺餘力，莫斯科則譴責美方對烏國的軍事援助，尤其是華盛頓允許援烏的美製武器可以從烏國攻擊俄國境內的軍事設施。另一方面，視中國為戰略競爭對手，已是華府的國會山莊民主和共和兩黨的共識。再者，不論是川普（Donald Trump）總統時期，或是拜登（Joseph Biden）總統主政下的白宮，對北京的政策皆採取抗衡的基調。另從美中俄三角關係來看，敵人的敵人就是朋友，在美俄交惡以及美中對抗的情勢下，中俄聯手對抗美國的國際格局就隱然成形。於是，如何

削弱美國的實力和影響力就成為中俄領導人的共同目標。[9]目前國際局勢的發展，中美對抗似不可避免。中國為了對抗美國，自然需要來自俄國的支持，尤其當俄國帶來的利益是中國其他夥伴無法提供者，同時，支持北京的國家之中，俄國又屬國力最強的一員。

　　整體而言，中俄對於美國的態度是相當一致，皆反對美國的霸權干涉。北京認為，無論是全球議題或是在亞太地區的事務，中俄的連結愈緊密就愈能削弱美國對中俄兩國的遏制。在政治上，中俄需要展現兩國領導人關係密切的形象。且在戰略上，雙方需要緊密的聯繫和一致的行動，防止華盛頓分化。另外，在經濟上，兩國期望擺脫美國金融體系的宰制。[10]

二、習近平的一帶一路戰略

　　2013年習近平訪問哈薩克時，提出「絲綢之路經濟帶」倡議。而陸上絲綢之路經濟帶，從中國新疆出境西行的首個國家就是中亞的哈薩克。然而莫斯科向來視中亞地區為其勢力範圍，再加上普丁推出的「歐亞經濟聯盟」向東延伸，亦涵蓋中亞國家。因此，習近平的絲路經濟帶要能順利向歐洲延伸，勢必需要俄國的首肯，至少不能反對，否則帶路戰略就會卡關。換言之，對習近平而言，至少莫斯科不

9　〈有關日益緊密的中俄關係，你應該知道的五件事〉，《紐約時報中文網》，2023年3月21日，paper.people.com.cn/rmrb/html/2023-03/22/nw.D110000renmrb_20230322_1-02.htm。

10　Gilbert Rozman, "The Sino-Russia-US Strategic Triangle: A View from China," *The Asan Forum*, December 5, 2023, https://theasanforum.org/the-sino-russia-us-strategic-triangle-a-view-from-china/.

能成為絲路經濟帶的阻力，若能轉化成助力則是上策。

最初習近平提出絲綢之路經濟帶的戰略，俄方是持保留的態度，其所憂慮的理由有五：（一）帶路戰略是擴張中國影響力的地緣戰略，中方藉此加強對歐亞大陸心臟地帶的控制，北京的影響力亦將進入前蘇聯地區，展開與俄國的地緣競爭，削弱俄國在前蘇聯地區的戰略優勢地位；（二）帶路戰略與俄國所提的歐亞經濟聯盟產生相互競爭，影響俄方主導歐亞一體化戰略的進程；（三）帶路戰略是中國的經濟擴張戰略，隨著中國經濟發展，假以時日，中國挾其世界工廠的產能以及雄厚的金融資本，透過帶路戰略在歐亞地區和俄國進行布局，俄國的產品以及產業，恐處於劣勢，無法與中國競爭；（四）中國憑藉帶路戰略展開對俄羅斯和中亞國家的能源項目之投資，俄國和中亞恐淪為中國的「能源附庸」；（五）帶路戰略新開闢的亞歐大陸橋，此一新的亞歐物流運輸路徑，將與俄國既有的西伯利亞大鐵路以及貝阿（貝加爾—阿穆爾）鐵路等亞歐運輸通道形成競爭，不利於俄國西伯利亞和遠東地區的開發。

2014 年俄國併入烏克蘭的克里米亞，引發歐美對俄實施經濟制裁，俄國遂採行「向東轉」的戰略，加強與亞洲國家的經貿合作。中國趁勢積極展開「一帶一路」與歐亞經濟聯盟的對接合作。2015 年5 月8 日習近平與普丁於莫斯科共同發表了〈中俄關於絲綢之路經濟帶建設和歐亞經濟聯盟建設對接合作的聯合聲明〉，俄方聲明支持絲綢之路經濟帶建設，並願與中方密切合作。與此同時，中方支持俄方積極推進歐亞經濟聯盟框架內一體化進程，並啟動與歐亞經濟聯盟針

對經貿合作方面的協定，進行相關的談判。雙方共同協商，努力將絲綢之路經濟帶建設和歐亞經濟聯盟建設相對接。雙方成立由兩國外交部主導、相關部門代表組成的工作小組，協調上述領域的合作。雙方透過中俄總理定期會晤機制及其他雙邊合作機制，監督上述共識的發展。

根據《中國一帶一路網》的資料顯示，自 2014 年至 2023 年，中方參與 7 項在俄國的建設計畫，而與能源產業相關的項目多達 6 項，[11] 僅有一項是與農業有關。[12] 其中，亞馬爾液化天然氣項目是中國提出「一帶一路」倡議之後，在俄羅斯實施的大型能源合作項目，也是目前全球在北極地區最大型的液化天然氣工程，預計年產量為 1,650 萬噸液化天然氣，其投資總額約 300 億美元，中方的中國石油天然氣集團和中國絲路基金擁有該項目 29.9% 的所有權。[13] 該項目量產的液化天然氣已輸往中國，而首艘液化天然氣油輪，係經由北極東

---

11 譬如，中國化學工程第七建設有限公司承建位於莫斯科的煉油廠工程，該工程是關於加氫裂化的裝置項目。〈罕見！俄羅斯將 4 個重大專案授予同一家中企〉，《中國一帶一路網》，2024 年 4 月 18 日，https://www.yidaiyilu.gov.cn/p/184575.html。

12 該項目是中俄（濱海邊疆區）農業產業合作區計畫，中方在俄羅斯的濱海邊疆區建設 14 個種植區，耕地面積達 6.8 萬公頃。〈中俄（濱海邊疆區）農業產業合作區〉，《中國一帶一路網》，2024 年 4 月 18 日，https://www.yidaiyilu.gov.cn/p/6028.html。

13 最大的所有權人是俄國的諾瓦泰克股份公司，持有 50.1%，而法國道達爾公司和中國石油天然氣集團都各占 20%，中國絲路基金則持有 9.9%。Takeshi Kumon, "China Thinks Big in Backing Russia's Ambitious Arctic LNG Project," *Nikkei Asia*, December 21, 2023, https://asia.nikkei.com/Economy/China-thinks-big-in-backing-Russia-s-ambitious-Arctic-LNG-project.

北航道，於 2018 年 7 月運抵江蘇如東的液化天然氣接收站。[14] 另外，連結中俄的中歐班列鐵路貨運，於 2024 年 5 月 13 日開通第一班列車，從中國河北的黃驊港啓程，通過內蒙古的邊境城市二連浩特，途經蒙古國，抵達終點莫斯科。[15]

　　然而，雙邊的合作案亦曾出現擱置的情況。在 2014 年 10 月的中俄總理第 19 次定期會晤的會議上，中方與俄方簽署「莫斯科—喀山」高鐵發展合作備忘錄，該高鐵成爲中俄「一帶一路」合作的代表性項目，但是這條高鐵計畫後來遭到推遲。據俄國官方的說法，其原因是高昂的成本，再加上載運乘客量的不確定性。[16] 除了帶路倡議與歐亞經濟聯盟的合作之外，俄方亦於 2015 年 4 月宣布加入亞洲基礎設施投資銀行，成爲亞投行的創始成員國。再者，普丁亦多次親赴中國出席「一帶一路」國際論壇圓桌峰會。

三、固守陸疆，發展海洋

　　習近平的偉大復興戰略，若要向海洋發展，勢必要設法突破美國

---

[14] 〈首船 15.9 萬立方米亞馬爾 LNG 入港，係中俄能源合作重大專案〉，《國家能源局》，2024 年 4 月 19 日，https://www.nea.gov.cn/2018-07/24/c_137345062.htm。

[15] 中國黃驊港至俄國莫斯科的中歐班列火車，全程約 8,000 公里，運載時間約 15 天。第二班的中歐班列火車亦已於 2024 年 6 月 25 日從黃驊港駛往莫斯科。〈中國黃驊港—俄羅斯莫斯科中歐班列常態化開行〉，《中國一帶一路網》，2024 年 4 月 16 日，https://www.yidaiyilu.gov.cn/p/0VSO6TL5.html。

[16] "В правительстве объяснили, почему отложено строительство магистрали Москва — Казань," *Gazeta.Ru*, December 8, 2023, https://www.gazeta.ru/business/news/2020/03/08/n_14132005.shtml?updated.

在西太平洋的圍堵，在此之前，北京要先鞏固後方，尤其是與其陸路相鄰的歐亞國家，因此，中國需要鞏固北方和西邊的邊境安全。換言之，中國不能腹背受敵，要先作到無後顧之憂，才得以全力與美國抗衡。中國鞏固陸上疆土的戰略，不僅是拉攏俄國，還要攏絡伊朗。從北邊的俄國到亞西的伊朗，其中，有些國家與中國有長達數千公里的國界相鄰，例如中俄邊界約 4,209 公里。北京唯有先與這些陸地大國維持穩定的關係之後，才能全力面向海洋，朝西太平洋開展。

四、在國際舞台獲得奧援

　　俄國針對中國關切的議題，多在國際場合表態支持北京的立場或政策，最鮮明的例證當屬對台灣議題的表態，從俄國總統普丁、外交部長，甚至外交部發言人等官員，均透過各種場合和聲明表態支持北京的一個中國政策。觀察 2024 年 5 月 16 日普丁訪中期間所發表的《中俄聯合聲明》，俄方重申恪守一個中國原則，承認台灣是中華人民共和國不可分割的一部分，反對任何形式的「台獨」，堅定支持中方維護國家主權和領土完整、實現國家統一的舉措。

　　此外，由於西方的經濟制裁，使莫斯科靠向北京的態勢日趨明顯。2022 年 8 月 2 日時任美國眾議院議長裴洛西（Nancy Pelosi）率領國會代表團訪台，俄國隨即透過外交部發言人、外交部長，甚至總統發言人，表達支持北京的立場，認為裴洛西議長訪台具有挑釁性，並強調俄國與中國站在一起。另一例證是，2024 年台灣人民透過民主選舉選出新任總統賴清德，台灣的民主成就普獲世界各國的高度肯

定。然而，俄國外交部非但不提民主選舉的客觀事實，反倒提出「台海兩岸關係純屬中國內部事務、台灣是中國不可缺的一部分」此番完全附和北京的謬論。

除了台灣議題，針對與日本相關的議題，俄方的舉措也符合中方期待。舉例而言，日本於 2023 年 8 月 24 日開始從福島核電站排放處理和稀釋過的廢水，中國則對日本的海鮮產品實施全面禁止進口的貿易禁令，[17] 俄國政府亦跟隨其後在 2023 年 10 月 16 日宣布全面禁止日本海鮮產品的進口。[18]

再者，2021 年 10 月間，中國海軍的 5 艘導彈驅逐艦和俄國海軍的 5 艘驅逐艦在俄國的彼得大帝灣附近舉行了中俄「海上聯合 2021」軍演後，隨即編隊通過日本的津輕海峽，向太平洋航行。中國官方媒體將此軍事操演稱作「中俄聯合巡航 -2021」，而此舉為中國和俄國軍艦首次同時穿越日本津輕海峽。[19]

---

[17] 〈福島核廢水排放：中國表達憤怒恐是「意在沛公」〉，《BBC News 中文網》，2024 年 3 月 22 日，https://www.bbc.com/zhongwen/trad/world-66625999。

[18] "After China, Russia Suspends Japanese Seafood Imports," *The Moscow Times*, October 16, 2023, https://www.themoscowtimes.com/2023/10/16/after-china-russia-suspends-japanese-seafood-imports-a82773.

[19] 〈中俄軍艦首次同時穿越津輕海峽與台海自由航行〉，《BBC News 中文網》，2024 年 3 月 14 日，https://www.bbc.com/zhongwen/trad/world-59004599。

肆、國家戰略的考量

就國家層次而言，中國需要與俄國合作的面向有四：一、北京和莫斯科都畏懼民主浪潮危及政權，擔憂顏色革命的滲入；二、俄國的先進武器和技術，有助於中國的軍事現代化；三、中俄經貿的互補性；四、從俄國進口能源，可確保中國的能源安全。

一、防範顏色革命，維護政權穩定

中俄兩國政府的治理模式愈來愈趨同，權力高度集中於領導人，領導人控制的政黨牢牢掌握國會絕對多數的席次，國會淪為橡皮圖章式的立法機構。又，政府操控新聞媒體，在俄烏戰爭後，克里姆林宮加強網路審查，實施嚴格的鎮壓措施，此與北京的做法更加相似。為確保領導人的統治地位不受挑戰，兩國均箝制言論自由，壓制反對派，戕害異議人士，藉以延續獨裁政權。此外，中國向世界，尤其是南方國家，誇示其經濟成就的同時，亦誇耀其威權的政治體制，中國視其威權體制為民主政體的另一種選項，並藉此提升其國家利益和價值地位，而在向國際社會輸出威權體制的目標上，北京和莫斯科是具有共同目標的戰略夥伴。[20]

二、軍事合作

就中國的軍事而言，俄國的重要性可分成三個面向來說明，首先

---

[20] Luke Patey, *How China Loses: The Pushback against Chinese Global Ambitions* (New York: Oxford University Press, 2021), pp. 269-270.

是技術的取得，礙於西方的軍事技術取得困難，中方的部分先進軍事技術，只能透過莫斯科取得。俄羅斯授予中國在地生產的權利，中方工程師於是獲取製造的經驗，此有助於中國開發本土設計，促進其國防工業的發展，諸如某些航太衛星的關鍵技術、潛艇的隱形技術以及水下作戰的戰術。另外，俄方協助中國建構防範飛彈來襲的早期預警系統，並向中國提供 S-300 和 S-400 的防空系統。

其次是武器的獲取，中方自俄國購得先進的武器裝備，像是 4.5 代的蘇 -35 戰鬥機。另根據斯德哥爾摩國際和平研究所（Stockholm International Peace Research Institute）的數據，1990 年至 2005 年間，中國花費約 100 億至 110 億美元訂購一批 270 架蘇 -27 和蘇 -30 戰鬥機。[21] 回溯 1992 年至 2006 年期間，中國購自俄國的武器金額占進口武器總金額的比重為 84%。對比 2007 年至 2021 年期間，該比例雖然有所下降，但仍達七成之多。[22]

第三是聯合軍演，中俄實施常態性的聯合軍事演習，與此同時，中國軍機與俄國的圖 -95 戰略轟炸機聯合編組，在鄰近海域進行巡航，[23] 中俄並於 2005 年首次舉行代號「和平使命」的兩軍聯合軍演。

---

21 該數據轉引自 China Power Team, "How Deep Are China-Russia Military Ties?" *China Power*, February 27, 2024, https://chinapower.csis.org/china-russia-military-cooperation-arms-sales-exercises/.

22 Ibid.

23 Evgeny N. Grachikov, "National Interests of China: Connotations, Hierarchy, Balancing," *World Economy and International Relations*, Vol. 67, No. 8 (2023), pp. 76-77.

隨著兩國關係的加強，雙邊軍演逐步常態化，參加的軍種也隨之加大，而兩國聯合軍演的地理範疇亦有所擴大，早期軍演的地點主要在中國西部和俄國遠東地區，但其後兩國的海上聯合演練，亦曾移師地中海甚至遠赴波羅的海。[24]

三、經貿互補

　　兩國貿易呈現增長的態勢。基本上，中俄經濟具有互補的特性。俄方擁有豐沛的自然資源，諸如木材、各項金屬、化肥以及糧食等原物料；中方則有資金和技術，尤其是民生消費品的生產。自 2022 年俄烏戰爭爆發後，俄國因遭西方的經濟制裁，貿易對象轉向東方，中國不但成為俄國重要的出口市場，俄國亦增加從中國的進口。根據中國海關總署於 2023 年 1 月公布的數據顯示，2022 年中俄兩國貿易額增長 29.3%，達到 1,902 億美元。2022 年中國對俄出口的金額為 761 億美元，相較 2021 年成長 12.8%，而中國自俄進口的金額為 1,141 億美元，成長幅度達 43.4%。[25]

　　中俄貿易額於 2018 年首次突破 1,000 億美元，[26] 隨後 2019 年的金

24　中俄於 2015 年在地中海進行「海上聯合 2015」軍演，甚且 2017 年選在波羅的海實施「海上聯合 2017」軍演。

25　〈中俄雙邊貿易額再創新高，合作深度和廣度將持續擴大〉，《俄羅斯衛星通訊社》，2024 年 1 月 13 日，https://big5.sputniknews.cn/20230113/1047112148.html。

26　"China-Russia Trade Volume Tops $100b," *The State Council of PRC*, December 18, 2023, https://english.www.gov.cn/news/international_exchanges/2019/01/10/content_281476472832018.htm.

額達到 1,107 億美元，2020 年的貿易總額亦達 1,060 億美元，2021 年
攀升至 1,469 億美元，2022 年更躍升爲 1,903 億美元。[27] 中俄領導人曾
設定貿易目標，2024 年雙邊貿易額倍增至 2,000 億美元，然而該目標
提前於 2023 年達標，該年突破 2,000 億美元，達到 2,401 億美元，較
同期成長 26%。[28]

四、能源安全

　　能源項目向來都是中俄經貿往來的重要領域，自俄國進口的能
源產品，占全年中國自俄國進口總金額的比重甚高。茲以 2021 年
爲例，當年中國自俄進口的能源產品金額占中國自俄進口總額的
65.3%。[29] 再以原油爲例，2023 年中國從俄國進口的原油達 1 億 702
萬公噸，較 2022 年成長 24%，占全年中國原油進口總額的比重達
19%，[30] 該年俄羅斯超越沙烏地阿拉伯，成爲中國最大的石油進口來源
國。

　　中國從俄國進口能源的效益，可從四個方面來看：（一）從能源
進口來源多元化的角度而言，從俄國進口能源可降低對中東能源的依

---

[27] Evgeny N. Grachikov, "National Interests of China: Connotations, Hierarchy, Balancing," p. 77.

[28] 〈中國同俄羅斯的關係〉，前引文。

[29] 〈中俄雙邊貿易額再創新高，合作深度和廣度將持續擴大〉，前引文。

[30] 因 2022 年俄烏戰爭，俄國原油受到西方制裁，以致改以優惠價格銷往中國，2022 年俄國進口的數量達 8,624 萬公噸，較 2021 年相比增加 8%。"China's Largest Oil Supplier in 2023 Was Russia," *CNN Business*, January 22, 2024, https://edition.cnn.com/2024/01/22/business/china-top-oil-supplier-2023-russia-intl-hnk/index.html.

賴，提升中國的能源安全層次；（二）運輸方式的多樣性，俄國出口至中國的石油主要經由「東西伯利亞太平洋」（ESPO）油管輸入，此可減少油輪運送以及對海上運輸的依賴；（三）中國爲達到減碳的目標，減少燃煤的發電機組，改爲使用天然氣，而天然氣蘊藏量位居全球第一的俄國，恰可滿足其需求；（四）俄國提供的低價能源可降低中國製造業的生產成本，進而提高中國製造業的競爭力。

伍、領導人的因素

　　就領導人層次而言，可從三個層面加以剖析。首先，是習近平對俄國文化的偏好；其次，是中俄領導人之間的互動和友好關係，對於中俄之間的合作產生引導的效果；第三，是兩國元首會晤機制的建立。

一、習近平的「俄羅斯情結」

　　中共自 1949 年建政，不僅承襲蘇共的意識形態，且在黨政體制、經濟制度以及軍事體系等，不少都是沿襲蘇聯時期的建制，除此之外，俄羅斯的文化和藝術亦深刻影響中國，尤其是 1950 年代至 1960 年代，而這正是習近平成長的世代，對蘇聯時期的歷史記憶和俄國文化的懷舊，乃是該世代中國人普遍存在的「俄羅斯情結」（Russia complex）。習近平受到俄羅斯文化的影響甚深，在 2014 年

訪問莫斯科時，就曾表達他對俄國文化的仰慕。[31] 另外，根據美國華府智庫史汀生研究中心（Stimson Center）中國項目主任孫韻的研究指出，習近平的俄羅斯情結還包括他對普丁展現的強勢領袖作風深感欽佩，並渴望與普丁平起平坐。而習近平的俄羅斯情結還影響其對俄羅斯國力的判斷，高估俄羅斯的優勢及其可靠性，另一方面卻低估俄羅斯的弱點及其對中國可能造成的風險。[32]

二、元首戰略引領

中國外長王毅於 2021 年 3 月 23 日與俄羅斯外長拉夫羅夫（Sergei Lavrov）舉行兩國外長會談。王毅表示，中方願意與俄方進一步密切高層交往，發揮「元首戰略引領」的政治優勢，為雙邊關係發展提供政治指引；拉夫羅夫亦表示，俄方願與中方落實兩國元首達成的共識，保持兩國高層密切交流。[33] 中俄領導人的會晤，對兩國關係的發

---

[31] 2014 年 2 月 7 日習近平在俄國索契接受俄羅斯電視台專訪，提及他對索契這座城市，早有所聞。他提到其年輕時，多次閱讀《鋼鐵是怎麼煉成的》這本小說，該小說的作者奧斯特洛夫斯基就是在索契完成了這部著作。再者，亦在訪談中提到他讀過很多俄羅斯作家的作品，如克雷洛夫、普希金、果戈里、萊蒙托夫、屠格涅夫、杜斯妥耶夫斯基、涅克拉索夫、車爾尼雪夫斯基、托爾斯泰、契訶夫、蕭洛霍夫，這些書中許多精彩章節和情節都記得很清楚。〈習近平接受俄羅斯電視臺專訪〉，《中華人民共和國外交部》，2024 年 3 月 14 日，https://www.fmprc.gov.cn/ziliao_674904/zt_674979/ywzt_675099/2014zt_675101/xjpzxcx_675111/zxxx_675113/201402/t20140209_7953926.shtml。

[32] Yun Sun, "China's Strategic Assessment of Russia: More Complicated Than You Think," *War on the Rocks*, March 2, 2024, https://warontherocks.com/2022/03/chinas-strategic-assessment-of-russia-more-complicated-than-you-think/.

[33] 〈王毅同俄羅斯外長拉夫羅夫舉行會談〉，《人民網》，2024 年 3 月 23 日，

展至關重要。究其原因有二，其一，兩國的領導人長期掌權。習近平於 2023 年展開第三任國家主席任期，掌控黨、政、軍已超過 11 個年頭；普丁則於 2024 年 5 月開啓第五任總統任期，擔任總統已長達 20 年。兩人多年來的會晤與互動，培養長久的情誼，因此，習近平與普丁的私人情誼，某種程度影響了中南海對克里姆林宮的戰略考量；其二，由於中國和俄羅斯皆屬獨裁專制的政治體制，習近平和普丁都掌控該國的黨政軍大權，習普會談敲定的戰略事項，再交由國家機器遂行領導人的意志，因此，「元首戰略引領」遂成爲兩國關係的驅動因子。

三、領導人定期會晤機制

中俄領導人的會晤，除可增進雙方在戰略層面的協調與合作，也可展現習近平對普丁的個人支持，反之亦然。[34] 習普會晤的場合，除了國是互訪，尚包括國際組織的元首峰會，諸如上海合作組織高峰會、金磚國家元首峰會、20 國集團元首峰會，以及亞太經合會領袖會議，[35] 若有必要，則在高峰會期間，另安排習普雙邊會議。從 2013 年習近平接掌國家主席後首訪莫斯科算起，截至 2024 年 7 月上海合作組織高峰會爲止，這段期間，習普共會晤 43 次。再就每年會晤的

---

https://world.people.com.cn/n1/2021/0323/c1002-32058665.html。

[34] Alexander Korolev, "Systemic Balancing and Regional Hedging: China–Russia Relations," *The Chinese Journal of International Politics*, Vol. 9, Issue 4 (2016), p. 390.

[35] 另外，還有三邊的元首會晤機制，例如中俄印峰會、中俄蒙峰會等。

次數來看，儘管由於新冠疫情影響，2020 年和 2021 年並未安排習普會面，事實上 2014 年和 2017 年習普會晤每年多達 6 次，至於 2013 年、2015 年至 2016 年、2018 年至 2019 年等也都一年安排了 5 次會晤。[36]

陸、中俄關係的動向

關於中俄關係的未來走向，首先，最引人關注的焦點，是兩國究竟會不會締結軍事同盟；其次，是俄烏戰爭對中俄關係的影響為何。

一、中俄尚未形成軍事同盟關係

目前中俄關係仍未達到軍事同盟的階段，不論是兩國元首聯合聲明，或是兩國外長的發言，均一再表示，中俄關係建立在「三不」基礎之上，分別是「不結盟、不對抗、不針對第三方」。儘管目前中國和俄國是「深化新時代全面戰略協作夥伴關係」，但是近年來不論是中方或是俄方領導高層總是明確地表示，聯盟並不是雙方議程的討論事項。[37] 此外，檢視兩國是否為軍事同盟，有一項觀察指標，亦即兩國是否簽訂相關協議，或是將軍事同盟的條文，明文記載於兩國相關的協定。若檢視北大西洋公約組織的條文，即可查到類似的文字，亦即當簽訂國的一方受到武力攻擊，其他簽訂國則可動用軍事力量，加

---

36 筆者整理自中國外交部網站，請參見〈中國同俄羅斯的關係〉，前引文。

37 Alexander Gabuev, "Is Putin Really Considering a Military Alliance with China?"

以協防，抵禦侵犯，或是擊退外敵。反觀 2021 年 6 月 18 日延長效期的《中俄睦鄰友好合作條約》，該條約爲規範中俄關係的原則性法律文件，惟在該友好合作條約的字裡行間，並未見類似的條文。

雖然兩國一再強調雙方的關係是建立在「三不」的基礎上，檢視兩國所簽署的條約，也沒有關於軍事同盟的條文，然而，兩國不斷擴大與深化的軍事合作，仍是不應忽視的事實。近年來，中俄透過聯合軍演地點的選定，向美國及其盟國發出信號。當 2016 年 7 月常設仲裁法院裁定出爐，否定中國主張「九段線」內對南海海域和島礁擁有的歷史權利後，中國和俄羅斯隨即於 9 月展開「海上聯合 2016」軍演，地點就選在廣東湛江，[38] 該次軍演發出了一個明確的訊息，即中國不接受仲裁法院的裁決。另外，2022 年 5 月中俄在東海和日本海上空進行聯合巡航，恰逢四方安全對話的美、澳、印、日四國領導人在東京舉行峰會，外界解讀此舉爲中俄對四方峰會的不滿和回應。此外，隨著中國和菲律賓在南海的衝突加劇，2024 年 7 月 14 日展開的中俄「海上聯合 2024」軍演，就選擇在高度敏感的南海地區進行演練，以廣東湛江軍港爲集結點，演訓範圍包括海南島以及雷州半島以東海域。[39] 甚且，本年度的「中俄聯合巡航 2024」首次進入南海水域，此次中俄海軍聯合編隊從濟州島以南附近海域啓航，穿越位於日本九

---

[38] 廣東省湛江市是中國南海艦隊的駐地。湛江地處中國最南端的雷州半島，東臨南海，南隔瓊州海峽與海南島相望。

[39] 江楓，〈歐美與中俄將彼此視爲安全威脅〉，《法國國際廣播電台》，2024 年 7 月 14 日，https://www.rfi.fr/tw/專欄檢索/曼谷專欄/20240714-歐美與中俄將彼此視爲安全威脅。

州本島與琉球群島之間的大隅海峽，經西太平洋南下，穿過台灣和呂宋島之間的巴林塘海峽進入南海。[40] 中俄海軍的聯合巡航及軍演，展現與菲律賓和美國較勁的意味。

二、俄烏戰爭對中俄關係的影響

　　總體來說，俄烏戰爭可能帶給中國的利益可從三個面向來看：（一）中方可繼續獲得廉價的俄國能源，降低其生產成本，提升中國產品的競爭力；（二）莫斯科為了鞏固與北京的關係，可能提供如攻擊型潛艦的推進系統、高超音速飛彈等先進軍事技術，以換取北京的政經支持；[41]（三）俄國無暇兼顧中亞地區，中國可進一步擴大在中亞的影響力。再者，俄烏戰爭的僵局，逐漸削弱俄羅斯，改變中俄權力平衡。[42] 長遠看來，一個具有全球野心的中國與一個日漸衰退的俄羅斯，兩者的對比將變得愈加鮮明。隨著兩國的利益以及國力的分歧，雙邊關係中的不對等性，亦會愈趨明顯。

---

[40] 〈中俄海軍第 4 次海上聯合巡航圓滿結束〉，《俄羅斯衛星通訊社》，2024 年 7 月 16 日，https://big5.sputniknews.cn/20240716/1060444893.html。

[41] Andrew A. Michta, "China Stands to Gain From A Weakened Russia. The West Should Prepare Now," *Atlantic Council*, June 1, 2023, https://www.atlanticcouncil. org/blogs/new-atlanticist/china-stands-to-gain-from-a-weakened-russia-the-west-should-prepare-now/.

[42] Björn A. Düben, *What Putin's War in Ukraine Means for the Future of China-Russia Relations* (London: LSE IDEAS, 2022), p. 15.

柒、結論

綜上所述，中國從中俄關係得利之處在於：第一，在美中對抗的格局，中國尋求莫斯科的支持，以便能在國際舞台抗衡美方；第二，普丁對習近平及其倡議的支持；第三，針對中方關切的議題，在國際場域獲得俄方的奧援；第四，俄國透過軍售和聯合軍演，增強中國的軍事力量；第五，俄國滿足中國在經濟和能源的需求。展望中俄關係的走向，北京會持續擴大「新時代全面戰略協作夥伴關係」的合作面向，在提升雙邊貿易的同時，增加人民幣作為結算貨幣的占比。

此外，俄烏戰爭持續下去，西方經濟制裁的範圍和強度，只會增加，不會減少，俄國經貿將更加依賴中國。雖然中俄貿易呈現逐年增長之勢，但對中國而言，俄國扮演的角色僅是原物料的供應者。俄烏戰爭導致俄羅斯國力持續弱化，逐漸浮現出中國是「老大哥」，俄國則是「小老弟」的態勢。

在西方持續對莫斯科制裁的情況下，俄羅斯需要找尋新的貿易和經濟合作夥伴，絲綢之路經濟帶正好提供一個將俄羅斯與中國及其他亞洲國家更緊密連接的平台。除此之外，受戰爭影響，俄國的財政日漸困窘，而絲路經濟帶框架下的中方投資，恰可彌補俄國在遠東地區基礎建設的不足。職是之故，俄方需要絲路經濟帶的挹注，莫斯科勢將加強與「一帶一路」的合作。

第九章
以聯合國大陸礁層界限委員會為舞台之南海法律戰

瀨田眞*

* 日本早稻田大學法學博士。現任早稻田大學亞洲太平洋研究科副教授、海洋法研究所研究員。曾任橫濱市立大學助理教授。研究領域爲國際法、海洋法等。

壹、主要問題

南海作為「一路」（21 世紀海上絲綢之路）的出發地，已成為中國「一帶一路」倡議當中非常重要的地區。隨著中國主張「九段線」的呼聲愈來愈高，使其與周邊國家更加對立，也使南海情勢更加不穩定。無論中國劃定「九段線」法律效力為何，或依據何種法源依據（例如範圍以內海域屬於內水或專屬經濟區），此種模糊不明的行為與意圖一般被稱為「戰略模糊」（Strategic Ambiguity）。[1]在中國與其他國家對立的情形下，根據菲律賓之仲裁提案，仲裁法庭於 2016 年 7 月 12 日認定中國的「九段線」主張與《聯合國海洋法公約》並不一致，但中國拒絕承認該仲裁結果，[2]仍然持續在該海域活動。[3]

惟中國並非完全無視海洋法及國際法。在仲裁宣告前的 2016 年 6 月 25 日，中國與俄羅斯又共同發表《關於促進和原則國際法的聯合聲明》（*Joint Declaration on Promotion and Principles of International Law*），其中強調了《聯合國海洋法公約》的重要性。[4]

---

[1] Graham Webster, "How China Maintains Strategic Ambiguity in the South China Sea," *The Diplomat*, October 29, 2015, https://thediplomat.com/2015/10/how-china-maintains-strategic-ambiguity-in-the-south-china-sea/.

[2] "Statement of the Ministry of Foreign Affairs of the People's Republic of China on the Award of 12 July 2016 of the Arbitral Tribunal in the South China Sea Arbitration Established at the Request of the Republic of the Philippines," *Ministry of Foreign Affairs of the People's Republic of China*, July 12, 2016, https://www.fmprc.gov.cn/eng/wjdt_665385/2649_665393/201607/t20160712_679470.html.

[3] Tara Davenport, "Island-Building in the South China Sea Legality and Limits," *Asian Journal of International Law*, Vol. 8, Issue 1 (2018), p. 90.

[4] Kenneth Anderson, "Text of Russia-China Joint Declaration on Promotion and

正如前述，在南海事件當中，中國雖批評仲裁法庭，但未曾否定海洋法及《聯合國海洋法公約》本身。因此從聯合聲明的立場看來，並非中國改變立場。儘管如此，中國仍繼續建設並軍事化人工島礁，與仲裁法庭的宣告相背，特別是自 2023 年以來，黃岩島與菲律賓之間的緊張局勢已達到一觸即發的程度。[5]

在此情況下，當馬來西亞向大陸礁層界限委員會（Commission on the Limits of the Continental Shelf, CLCS）申請延長超過 200 浬的大陸棚時，中國似乎改變其立場。簡言之，中國並未維持戰略模糊，而是仰賴未規範在《聯合國海洋法公約》中的一般國際法，以此證明其行為符合國際法。中國立場的這一轉變，可以說是南海法律戰（lawfare）之一個重大變化。

關於法律戰，雖然近幾年來受到關注，但包括日語譯名在內，其尚未有明確的定義和理解。[6] 在近年的研究者中，鄧拉普（Charles J. Dunlap）的定義經常被其他研究者引用，他認為所謂的法律戰是「利

Principles of International Law," *Lawfare*, July 7, 2016, https://www.lawfaremedia.org/article/text-russia-china-joint-declaration-promotion-and-principles-international-law.

5　"Philippines Accuses China of Dangerous Manoeuvres Near Scarborough Shoal," *Reuters*, February 11, 2024, https://www.reuters.com/world/asia-pacific/philippines-accuses-china-dangerous-maneuvers-near-scarborough-shoal-2024-02-11/.

6　Cristiano Zanin, Valeska Martins and Rafael Valim, *Lawfare: Waging War Through Law* (New York: Routledge, 2023), pp. 1-3; Orde F. Kittrie, *Lawfare: Law as a Weapon of War* (Oxford: Oxford University Press, 2016), pp. 4-8.

用法律作爲實現軍事目標的一種戰爭手段」，[7]換言之，就是利用法律來實現傳統上透過軍事手段達到之目的。對此又有兩種解釋，其一如眞山全將其狹義認定爲「不否定現行規則的法律有效性，而是爭論其解釋」；[8]其次則如同蓋佛爾（Douglas Guilfoyle），廣義地認定其不限於現行法律框架內的鬥爭，以及旨在形成新法律的鬥爭。[9]本文最終結論爲，中國以在現有框架內進行正當化爲目的，採用了前述狹義定義。

　　本文目的是揭示法律戰中發生變化的原因及其結果，即立場的改變給中國帶來了什麼影響。爲此，第貳部分將釐清中國對南海的傳統主張，以及南海仲裁法庭宣告帶來的影響，在此基礎上，第參部分將總結各國在大陸礁層界限委員會裁決進行討論的主張，接著，第肆部分則對中國透過改變立場引導之大陸國家遠洋群島（outlying archipelago）進行分析並作出結論。需要注意的是，遠洋群島有時也

---

[7] Charles J. Dunlap, Jr., "Law and Military Interventions: Preserving Humanitarian Values in 21st Conflicts," *Humanitarian Challenges in Military Interventions Conference*, November 29, 2001, p. 4; Charles J. Dunlap, Jr., "Lawfare Today: A Perspective," *Yale Journal of International Affairs*, Winter 2008, pp. 146-154; Charles J. Dunlap, Jr., "Lawfare Today... and Tomorrow," in Raul A. Pedrozo and Daria P. Wollschlaeger, eds., *International Law and the Changing Character of War, International Law Studies*, Vol. 87 (2011), pp. 315-325.

[8] 眞山全，〈東アジアにおける空間的秩序の国際法構造と日本のジレンマー中国の海洋進出ー〉，《海幹校戰略研究》，第7卷第1号（2017年），頁11。

[9] Douglas Guilfoyle, "The Rule of Law and Maritime Security: Understanding Lawfare in the South China Sea," *International Affairs*, Vol. 95, No. 5 (2019), pp. 999-1017.

被稱爲「offshore archipelago」，正如後文所述，由於中國使用前者，且此一名詞似乎更具普遍性，[10] 因此本文也使用遠洋群島此一術語。

貳、南海事件及其影響

一、中國在南海的法律戰策略

在南海問題上，中國採取一種被稱爲「戰略模糊」的立場，亦即對導致與各國對立的「九段線」法律依據不作明確說明。中國採取這種戰略模糊策略之理由，首先，可以讓反駁變得困難。假定法律戰最終於法庭上進行，並以瞭解對方主張爲前提，特別是對方依據哪些法源依據，而作爲《聯合國海洋法公約》締約方的中國，基本上應根據公約條文來主張海域；[11] 如果確認中國依據的條文及其解釋方法，就有可能對其進行反駁，但是，由於戰略性模糊使得依據不明確，較難進行有說服力的反駁。希望否定「九段線」的國家只能預想中國可能提出的主張，並對這些主張進行反駁，然而，若預想的主張與中國實際的主張不同，反駁就變得沒有意義。

其次，戰略性模糊還可以一定程度隱藏己方的弱點。如果進行法律辯論，討論如何解釋某條款，那麼可以引用先例並分析學說，從而

---

[10] Chinese Society of International Law, "The South China Sea Arbitration Awards: A Critical Study," *Chinese Journal of International Law*, Vol. 17, No. 2 (2018), p. 475.

[11] 例如日本《海上法治三項原則》規定：「各國應根據法律提出主張。」這一理解據說已被 G7 國家所接受，參見：〈G7 伊勢志摩サミット議長国会見〉，《外務省》，2016 年 5 月 27 日，https://www.mofa.go.jp/mofaj/ms/is_s/page4_002096.html。

評估哪種論點更有說服力；然而，若依據本身不明確，這種評估自然就不可能成立。不過，儘管戰略模糊有上述優點，也可能導致被認爲沒有明確依據，從而損害其說服力。因此，採取戰略性模糊並非完全沒有缺點，只是與被國際法院、其他國家及專家判爲法律錯誤造成的損害相比，採取戰略性模糊造成的損害可能更小，這或許是中國選擇此種策略的立場。

第三，採取戰略性模糊的另一個理由是，可以自己選擇時機切換到具體的法律討論。一旦確定自己主張的法律依據及其解釋，改變主張就比始終堅持一致立場更難去說服他人；相對地，若僅僅單純從戰略性模糊切換到具體法律討論，並不會顯著削弱說服力。當然，如果在具體的法律討論中擁有勝算，一開始就這麼主張是最好的選擇，而可以自行切換時機這一點，意味著可以期待法律隨著時間的發展來拖延進程，或者讓他方展開法律討論，並根據評估結果決定如何應對。實際上，據稱中國也利用研究人員展開可能的討論，[12] 並觀察周圍反應。

除了戰略性模糊，中國另厭惡第三方干預，因此其避免透過國際司法機構解決爭端。多數情況下，國家均不喜歡第三國介入，關於南海爭端，中國認爲這是沿海國家應透過對話解決的問題，並批評以美

---

[12] 例如：Zhiguo Gao and Bing Bing Jia, "The Nine-Dash Line in the South China Sea: History, Status, and Implications," *American Journal of International Law*, Vol. 107, No. 1 (2013), pp. 98-123.

國為中心的外部國家介入 [13]。但此一立場不限於南海問題，中國的外交戰略普遍表現出避免透過國際司法機構，如國際法院解決爭端的傾向。特別是《聯合國海洋法公約》第 298 條允許締約國將海洋邊界、歷史性水域及軍事活動等特定問題排除在公約第 15 部分規定的強制爭端解決程序之外，而中國已宣布了這一排除。[14] 因此，其他締約國不能單方面將與南海有關的法律評估，例如中國與其他沿海國家的海洋邊界或「九段線」內的水域應如何歸屬等，提交給聯合國國際海洋法法庭（ITLOS）。

二、南海事件

如前所述，在《聯合國海洋法公約》可採取受限制之司法程序的情況下，為追究中國違反公約的行為，菲律賓在 2013 年 1 月依據公約第 15 部分啟動司法程序，其主張涵蓋了「九段線」問題、黃岩島等法律地位、中國警察在南海活動的合法性，以及違反海洋環境保護義務等諸多方面。惟在與中國的關係中，無法單方面將涉及邊界劃定及歷史性水域的爭議提交給國際海洋法法庭。換言之，若菲律賓的主張是「九段線」不能被認定為菲律賓和中國之間的邊界，或者中國的主張不能被認定為歷史性水域，則仲裁法庭可能無法行使管轄權。儘

---

[13] Feng Zhu and Lingqun Li, "China's South China Sea Policies," in Zou Keyuan, ed., *Routledge Handbook of the South China Sea* (London: Routledge, 2023), pp. 174-179.

[14] China, "Declaration under Article 298," August 25, 2006, https://treaties.un.org/doc/Publication/CN/2006/CN.666.2006-Eng.pdf.

管這一判斷存在批評，[15] 仲裁法庭在能夠行使管轄權的背景下，為菲律賓巧妙地構建了訴訟策略，將問題表述為：「所謂九段線包圍的南海區域內，中國對主權權利、管轄權及歷史性權利之主張」。

在訴訟過程中，中方一直堅持不參與之否定策略。根據《聯合國海洋法公約》附錄 VII 設立仲裁法庭時，仲裁員任命由爭端當事國進行，然而中國並未進行這一任命程序。當時擔任國際海洋法法庭庭長的柳井淳也按照附錄 VII 第 3 條，在當事國不進行任命時，向中國詢問其意向，但未得到回覆，因此中國不參與任命程序的法律政策已經確立。此後，中國未參與法庭的正規程序、未向法庭提交任何書面資料，也未進行口頭辯論，訴訟以所謂缺席審判形式進行。在此同時，中國在其外交部網站上發布了一份〈中華人民共和國關於菲律賓發起之南海仲裁管轄權問題立場文件〉進行反駁；[16] 必須注意的是，此一反駁只是針對仲裁法庭行使管轄權問題，並不涉及「九段線」是否違法之論點，其具體內容包括：（一）仲裁主題是主權問題，而非《聯合國海洋法公約》解釋和適用問題；（二）兩國已同意其他爭端解決程序；（三）仲裁主題與南海邊界劃定不可分割，因此根據中國的聲

---

[15] Stefan Talmon, *The South China Sea Arbitration: Jurisdiction, Admissibility, Procedure* (Leiden: Brill, 2022).

[16] "Position Paper of the Government of the People's Republic of China on the Matter of Jurisdiction in the South China Sea Arbitration Initiated by the Republic of the Philippines," *Ministry of Foreign Affairs of the People's Republic of China*, December 2014, https://www.fmprc.gov.cn/eng./wjdt_665385/2649_665393/201412/t20141207_679387.html.

明，應被排除在管轄權之外。中國的目的是在此一訴訟中，讓「九段線」法律依據的戰略性模糊得以保持。

　　仲裁法庭在 2016 年 7 月 12 日基本上接受了菲律賓的主張。有趣的是，儘管中國沒有參加訴訟，仲裁法庭仍儘可能採納並審查了中國的主張。特別是對於上述立場目的，與中方在法庭訴訟中主張相同，仲裁法庭經過詳細處理後作出宣告，認為歷史性水域必須是在超越公海自由的使用上，被其他相關國家承認的，但「九段線」包圍的水域不符合這些要件，因此仲裁法庭認為「九段線」主張不符合《聯合國海洋法公約》，接受了菲律賓的主張。[17]

三、南海仲裁案裁決的影響

　　對於仲裁法庭前述的宣告，中國作出了極批評性的回應，特別是認為仲裁法庭濫用權力，以致其裁定（award）只是紙上談兵。[18]值得注意的是，中國批評對象乃是仲裁法庭及其宣告，並未全面否定《聯合國海洋法公約》。中國主張因法庭濫用權力而導致裁定無效，從法律邏輯上並非無法理解。另一方面，《聯合國海洋法公約》第 288 條第 4 款規定，關於國際海洋法法庭的管轄權，由負責案件

---

[17] 西本健太郎，〈南シナ海仲裁判断の意義—国際法の観点から〉，《東北ローレビュー》，第 4 卷（2017 年），頁 15-52；李禎之，〈南シナ海仲裁手続の訴訟法的含意〉，《国際法外交雑誌》，第 117 卷第 2 号（2018 年），頁 30-49。

[18] 關於中國應對措施的紀錄：Bill Hayton, "Denounce but Comply: China's Response to the South China Sea Arbitration Ruling," *Georgetown Journal of International Affairs*, Vol. 18, No. 2 (July 2017), pp. 104-111.

的法庭自行決定其管轄權，即所謂自我審認管轄（compétence de la compétence），仲裁法庭所行使者乃此一權力。除此之外，第 290 條規定了國際海洋法法庭判斷的終局性和法律約束力，作爲《聯合國海洋法公約》的締約國，中國有義務遵守該裁定。

中方認知到自身在法律辯論中可能處於不利地位，在仲裁宣告後，中國一方面進行批評，同時強調對其他國家採取友好的方式。特別是在裁定剛出爐時，中方外交部即努力挽回裁定帶來的損害；[19] 而後，中國國際法學會從國際法角度發表一篇題爲〈南海仲裁裁定：批判性研究〉的論文也引起關注，該文代表了中國國際法學者對裁定的立場，[20] 聚焦仲裁法庭濫用權力的觀點，並爲九段線主張展開辯護，具體包括歷史性水域和遠洋群島的討論。惟此篇文章採用了在學會著作中罕見的表達方式，反而讓人感到其背後之政治性而非學術性。

此外，勝訴的菲律賓在利用這一裁定上也採不透明立場。在國際社會中，由於國際法院缺乏強制執行具法律約束力的制度，因此勝訴國通常會要求敗訴國履行法院判決，而敗訴國也有義務遵守。儘管南海仲裁案的結果是菲律賓勝訴，因此可要求中國遵守裁決，但新上任的總統杜特蒂（Rodrigo Duterte）卻向中國表示可以靈活處理裁決結果，[21] 其背後考量顯然是由於兩國國力差距，以及菲律賓不希望與中

---

[19] 高原明生，〈仲裁判断後の南シナ海をめぐる中国外交〉，《国際問題》，第 659 号（2017 年），頁 8。

[20] Chinese Society of International Law, "A Critical Study," p. 218.

[21] 岡村志嘉子，〈南シナ海周辺国に対する中国の外交姿勢：ベトナム・フィ

國關係惡化。

　　相較菲律賓有限利用裁決，其他國家似乎更積極地利用此一發展，特別是中國主張「九段線」並非基於《聯合國海洋法公約》，並稱仲裁法庭判斷不過是紙上談兵，對那些希望維持《聯合國海洋法公約》所構建現有制度的國家來說不啻是一威脅，因此其等紛紛要求中國遵守仲裁法庭宣告，例如美國、日本、澳洲在日本的三邊部長級戰略對話中便要求當事國遵守裁決。[22] 事實上，日本政府在仲裁法庭作出宣告之前，便認定中國針對「九段線」的主張已然違反《聯合國海洋法公約》，但因中國作為重要鄰國，且自身並非爭端直接當事國，因此日本傾向謹慎行事。無論如何，在仲裁法庭作為《聯合國海洋法公約》解釋權威機構之一作出了宣告後，促使日本確定其解釋的正確性，更容易批評不遵守條約規定的中國。

參、大陸礁層界限委員會之法律戰開展

　　儘管存在前述批評，中國仍無視仲裁宣告，繼續在南海建設人工島，並在黃岩島附近加強對菲律賓施壓，致使南海情勢趨於不穩定。在此情況下，南海法律戰逐漸轉移到大陸礁層界限委員會（以下簡稱CLCS）。

リピンとの関係〉，《レファレンス》，第 796 号（2017 年），頁 96-97。

[22] "Japan-United States-Australia Trilateral Strategic Dialogue Joint Statement," *Ministry of Foreign Affairs of Japan*, July 25, 2016, https://www.mofa.go.jp/a_o/ocn/page3e_000514.html.

一、CLCS之程序

根據《聯合國海洋法公約》第 76 條第 1 款，沿海國對距離領海基線 200 浬以內的大陸棚擁有所有權，無論海底地形為何；至於第 76 條第 5 款則規定超過 200 浬以外的水域若滿足「沿其領土自然延伸到大陸邊緣外緣」的海底地形條件，則可以延伸至 350 浬。根據附錄 II 第 2 條第 1 款規定，由 21 名地質學、地球物理學或水文學領域專家組成的 CLCS，有權根據沿海國提供的資訊與海底地形，認可其是否能延伸大陸棚架並提出延伸建議，「沿海國根據其建議確定的大陸架界限」被視為最終且具有約束力（第 8 款）。

關於 CLCS 認定程序，《聯合國海洋法公約》本身沒有詳細規定。然而第 76 條第 10 款對程序產生重大影響，「本條規定不影響面對面或毗鄰海岸國家之間劃定大陸架界限的問題」，附錄 II 第 9 條內容幾乎與之相同。按照文義解釋，即使 CLCS 根據第 76 條第 8 款發出建議，基於此建議在國內法中劃定之大陸架界限（delineation）也不應影響與其他國家相關之界限劃定（delimitation），也就是 CLCS 可以獨立進行活動，無論 CLCS 得出何種結論，這些結論在界限劃定時均不予考慮。換句話說，該條款規定國家或國際法院等在進行界限劃定時的注意事項，並不必然要求 CLCS 考量界限劃定的影響。

然而 CLCS 根據這一條款，為了不影響邊界劃定，謹慎地制定程序並決定是否發布建議。首先，CLCS 制定的《程序規則》第 46(1) 條規定：「在面對面或毗鄰國家之間存在大陸架邊界劃定爭端，或在

陸地或海洋問題上存在未解決的爭端的情況下，申請應按照本規則的附錄 I……進行審查。」[23] 並且，《程序規則》附錄 I 在其第 5(a) 段中規定：「如果存在陸地或海洋爭端，委員會不得審查或考慮任何涉及該爭端國家提交的申請，然而，如果所有爭端當事國事先同意，委員會可以審查一個或多個在爭議地區的申請。」[24] 也就是說，根據這一規定，CLCS 是否能發布建議取決於是否存在爭端，這使得爭端的概念變得非常重要；鑑於 CLCS 慣例，除申請國以外之其他國家，只要聲稱存在爭端，就會被視為存在爭端，[25] 從而使得所有締約國實質上對其他締約國之程序進展形同擁有否決權。[26]

---

[23] 起草過程請參見：UN Division for Ocean Affairs and the Law of the Sea, "About the Rules of Procedure," *United Nations*, August 16, 2019, https://www.un.org/depts/los/clcs_new/commission_rules.htm.

[24] Rules of Procedure of the Commission on the Limits of the Continental Shelf, CLCS/40/Rev.1, April 17, 2008；坂巻静佳，〈大陸棚限界委員会による勧告前の延長大陸棚の法的地位〉，《平成28年度外務省外交・安全保障調査研究：インド太平洋における法の支配の課題と海洋安全保障カントリー・プロファイル研究報告》，日本國際問題研究所（2017 年），頁 10-11。

[25] Makoto Seta, "The Effect of the Judicial Decision of UNCLOS Tribunals on the CLCS Procedure: The Case of the South China Sea Dispute," *Asia-Pacific Journal of Ocean Law and Policy*, Vol. 7, No. 2 (2022), pp. 223-227.

[26] A.O. Elferink, "Causes, Consequences and Solutions Relating to the Absence of Final and Binding Outer Limits of the Continental Shelf," in C. Symmons, ed., *Selected Contemporary Issues in the Law of the Sea* (Leiden: Brill, 2011), p. 253; Andraw Serdy, "The Commission on the Limits of the Continental Shelf and Its Disturbing Propensity to Legislate," *The International Journal of Marine and Coastal Law*, Vol. 26, No. 3 (2011), p. 362.

二、各國對馬來西亞提出申請的反應

在中國拒絕接受仲裁宣告並堅持戰略性模糊的情況下，馬來西亞在 2019 年 12 月 12 日提交了在南海延伸大陸架的申請。根據 CLCS 程序，申請書本身並不公開，僅發布摘要（executive summary），但根據摘要內容可以確認，馬來西亞的主張已侵入「九段線」範圍。馬來西亞的申請被認為是基於仲裁宣告起草並提出的，[27] 該國雖聲稱「本部分申請所涉及 200 浬以外的大陸架區域，不位於馬來西亞與其他沿海國家之間存在陸地或海洋爭端的海域」，[28] 實則其主張與中國在多個方面存在對立：（一）馬來西亞不承認中國的「九段線」；（二）關於南沙群島若干領土的主權；（三）關於南沙群島部分土地的法律地位。換言之，中國認為一些土地是島嶼，擁有大陸架和專屬經濟區的權利，[29] 馬來西亞則認為這些土地不具備這樣的權利。

馬來西亞的申請不僅引起了南海聲索國的注意，也引起了非聲索國和研究者的高度關注，以下國家紛紛向 CLCS 提交口頭信函（括號內為提交日期）：馬來西亞（除申請外，2020 年 7 月 29 日、8 月 27

---

[27] 阮洪韜指出，馬來西亞方面認為 2016 年仲裁結果符合其利益；N.H. Thao, "South China Sea: New Battle of the Diplomatic Notes among Claimants in 2019-2021," *Asia-Pacific Journal of Ocean Law and Policy*, Vol. 6, No. 2 (2021), p. 170.

[28] Submission No. 85 of Malaysia on 12 December 2019, Executive Summary, at para. 4.1.

[29] "Statement of the Government of the People's Republic of China on China's Territorial Sovereignty and Maritime Rights and Interests in the South China Sea," *Ministry of Foreign Affairs of the People's Republic of China*, July 12, 2016, https://www.fmprc.gov.cn/nanhai/eng/snhwtlcwj_1/201607/t20160712_8527297.htm.

日）、中國（2019 年 12 月 12 日；2020 年 3 月 23 日、4 月 17 日、6 月 2 日、6 月 9 日、6 月 18 日、7 月 29 日、8 月 7 日、9 月 18 日；2021 年 1 月 28 日、8 月 16 日；2022 年 7 月 25 日）、菲律賓（2020 年 3 月 6 日、10 月 9 日）、越南（2020 年 3 月 30 日、4 月 10 日）、印尼（2020 年 5 月 26 日、6 月 12 日），[30] 以及作為非主張國：美國（2020 年 6 月 1 日）、澳洲（2020 年 7 月 23 日）、英國（2020 年 9 月 16 日）、法國（2020 年 9 月 16 日）、德國（2020 年 9 月 16 日）、日本（2021 年 1 月 19 日）、紐西蘭（2021 年 8 月 3 日）。[31] 包括國際法委員會越南籍委員阮洪韜和武漢大學學者高聖惕都對此進行了學術性分析。[32]

三、CLCS中關於「九段線」法律依據之討論

值得注意的是，中國透過口頭信函表達的意見特別多。在大陸礁

---

[30] 雖然將印尼定位為南海聲索國有些勉強，不過至少在納土納群島（Natuna Islands）周邊水域，由於其與九段線內水域存在重疊，因此在此仍將印尼視為聲索國。

[31] Commission on the Limits of the Continental Shelf (CLCS), "Outer Limits of the Continental Shelf beyond 200 Nautical Miles from the Baselines: Submissions to the Commission: Partial Submission by Malaysia in the South China Sea," *United Nations*, July 26, 2022, https://www.un.org/depts/los/clcs_new/submissions_files/submission_mys_12_12_2019.html.

[32] Nguyen Hong Thao, "South China Sea: New Battle of the Diplomatic Notes among Claimants in 2019-2021," *Asia-Pacific Journal of Ocean Law and Policy*, Vol. 6, No. 2 (2021), p. 170; Michael Sheng-TiGau, "The Most Controversial Submission before the CLCS: With Reference to the 2019 Malaysia Submission," *The International Journal of Marine and Coastal Law*, Vol. 37, No. 2 (2022), p. 258.

層界限委員會的程序中，通常情況是各國對申請表達各自意見，而申請國則會對這些意見進行回應，因此像這次身爲申請國的馬來西亞，一般會表達更多意見；然而，由於中國認爲馬來西亞的申請主張不應基於仲裁宣告，以致在此一程序當中，許多國家對中國的意見提出了反對，導致中國的駁論亦相應增加。

例如，在馬來西亞提交申請不久，中國便主張：「對於由東沙群島、西沙群島、中沙群島及南沙群島組成的南海諸島擁有主權，一方面基於南海諸島擁有內水、領海及毗連區，亦基於南海諸島擁有專屬經濟區及大陸架，並在南海擁有歷史性權利。」並聲稱上述立場「符合相關國際法和慣例，立場明確且一致，並爲包括馬來西亞政府在內的國際社會所熟知」，[33] 對此，在仲裁中獲勝的菲律賓不僅陳述其與馬來西亞之間的爭議，並同時表明中方主張與仲裁宣告不一致。[34]

在這一過程中，最早根據《聯合國海洋法公約》基線規則批評中國「九段線」主張的是美國。美國認爲，除了《聯合國海洋法公約》規定之例外情況，一般基線都適用該公約第 5 條規定，並批評符合中國「九段線」之直線或群島基線主張者，在《聯合國海洋法公約》中並不存在；[35] 對此，中國回應稱，關於南海爭端，中國正在與有關國

---

[33] CML/14/2019.

[34] The Permanent Mission of the Republic of the Philippines to the United Nations, No. 000191-2020, https://www.un.org/depts/los/clcs_new/submissions_files/mys_12_12_2019/2020_03_06_PHL_NV_UN_001.pdf.

[35] "Letter Dated 1 June 2020 from the Permanent Representative of the United States of America to the United Nations Addressed to the Secretary-General,"

家進行溝通談判，美國作為非《聯合國海洋法公約》締約國，不應插手干預。[36] 儘管如此，其他國家的批評仍在持續，像是澳洲主張中國在南海不具有海洋地形或「島嶼群體」最外點連線的直線基線之法律依據，[37] 中國對此反駁稱：「中國在南海設定的領海基線符合《聯合國海洋法公約》和一般國際法。」[38] 由於澳洲乃《聯合國海洋法公約》批准國，因此中國從法律見解面向對其進行反駁。

2020 年 9 月 16 日，法國、德國和英國聯合提交了口頭信函，主張：「大陸國家在不遵守《聯合國海洋法公約》第二部分的相關規定，或者不適用僅適用於群島國的第四部分相關規定的情況下，沒有將群島或海洋地形視為一個整體的法律依據。」[39] 對此，中國提出的反駁意見為：「中方高度重視《聯合國海洋法公約》關於劃定領海基線的規定及其適用條件，同時中方相信，對於大陸國家的遠洋群島，國際法上長期確立的慣例必須得到尊重。中國在南海相關島礁劃定領

A74/874-S/2020/483, https://documents.un.org/doc/undoc/gen/n20/136/09/pdf/n2013609.pdf?token=oUt58VhE1N2edpFJYT&fe=true.

[36] "Letter Dated 9 June 2020 from the Permanent Representative of China to the United Nations Addressed to the Secretary-General," A74/886, https://documents.un.org/doc/undoc/gen/n20/145/13/pdf/n2014513.pdf?token=rvjJ6zMZPkuAXSqqzI&fe=true.

[37] "Permanent Mission of Australia to the United Nations," N° 20/026, 2020_07_23_AUS_NV_UN_001_OLA-2020-00373.pdf, p. 1.

[38] CML/54/2020, 20200729_CHN_NV_UN_e.pdf.

[39] "Permanent Mission of the United Kingdom of Great Britain and Northern Ireland to the United Nations," UK NV No. 162/20, https://www.un.org/depts/los/clcs_new/submissions_files/mys_12_12_2019/2020_09_16_GBR_NV_UN_001.pdf.

海基線符合《聯合國海洋法公約》和一般國際法。」中國在此首次
使用「大陸國家遠洋群島」（continental state's outlying archipelago）
這一表述，試圖進行法律正當化，對此提出批評的是日本，其認為：
「《聯合國海洋法公約》具體且全面規定了基線劃定條件，然而中方
在主張問題基線的合法性時，並未依據《聯合國海洋法公約》相關規
定，因此締約國沒有理由為其繪製不符合《聯合國海洋法公約》規定
條件的基線辯護。」[40] 對此，中國堅持其領海基線符合《聯合國海洋
法公約》和一般國際法，[41] 在此情況下，最後發表意見的是與中國關
係最友好的紐西蘭。紐西蘭首先前提性地指出，《聯合國海洋法公
約》未規定之事項仍受國際法規則原則約束，但這與《聯合國海洋法
公約》全面規定的海域設置無關。接著引用《聯合國海洋法公約》第
46條(a)款，主張「群島國必須整體由一個或多個群島組成」，[42] 並認
為中國在南海沒有劃定直線群島基線的法律依據，也沒有在南海島嶼
群體周圍劃定直線基線的法律依據。對此，中國反駁稱：「大陸國家
遠洋群島的制度不受《聯合國海洋法公約》的規制，這一領域應繼續
適用一般國際法的規則。國際上有足夠的慣例作為這一制度的基礎。

---

[40] 今田克彥，〈南シナ海における「大陸国の遠隔群島」を取り囲む直線基線
に関する主張〉，《国際法外交雑誌》，第 122 巻第 4 号（2024 年），頁 61-
62。

[41] "Permanent Mission of the People's Republic of China to the United Nations,"
CML/1/2021, 20210128ChnNvUn009OLA202000373e.pdf.

[42] "Permanent Mission of New Zealand to the United Nations," 08/21/02,
20210803NzNote.pdf (un.org).

中國基於南海諸島擁有內水、領海、毗連區、專屬經濟區及大陸架，這符合包括《聯合國海洋法公約》在內的國際法和國際慣例。」

　　透過各國不斷發表意見並指出中國主張的問題，最終明確了中國並非依據國際海洋法，而是基於一般國際法中，以習慣國際法為背景的大陸國家遠洋群島的概念主張「九段線」。因此，針對一直難以正面反駁的「九段線」主張，如果提出基於習慣法不存在遠洋群島制度，或者即使存在也不能正當化的法律主張，則中國的「九段線」將失去國際法的依據。

肆、結論

　　如前所述，中國關於遠洋群島的論點在「批判性審查」中得到詳細討論。大陸國家遠洋群島在習慣國際法上是確立的，南海諸島符合其條件，[43] 然而關於這些習慣法的確立，南海諸島是否符合條件以及其法律效力，存在許多不同的批評意見；[44] 透過澄清中國「九段線」

---

[43] A Critical Study, pp. 479-510.

[44] Catherine Redgwell and Antonios Tzanakopoulos, "The Interaction of Treaty and Custum in the Concept of Offshore Archipelagos," *International and Comparative Law Quarterly*, Vol. 72, No. 3 (2023), pp. 573-399; Dai Tamada, "Straight or Archipelagic Baseline with Respect to Offshore Archipelago?" in James Kraska, Ronan Long and Myron H. Nordquist, eds., *Peaceful Maritime Engagement in East Asia and the Pacific Region* (Leiden: Brill, 2023), pp. 189-196; Youngmin Seo, "Are the Spratly Islands an Outlying Archipelago of China? Politico-Legal Implication of Proclaiming the Spratly Islands as a China's Outlying Archipelago that International Lawyers Should Know," *Emory International Law Review*, Vol. 37, No. 3 (2023), pp. 321-364; Hua Zhang, "The Application of Straight Baselines to Mid-Ocean

部分主張，使得這種法律討論可能成立。

CLCS 最初是爲了從自然科學角度決定大陸架界限而設立的機構，並不是爲了進行此種法律論戰而設立的，除此之外，對其在運作中過度尊重締約國意見的批評也是存在的；然而，正因爲實行了賦予所有締約國否決權的運作方式，各國才有機會在此明確表達各自主張，從而迫使中國進行法律論戰。國際法最終由國際法院解釋適用，這一點從《聯合國海洋法公約》締結前就未曾改變。另一方面，諸如CLCS 這樣各國容易進行且不得不表明法律見解的論壇也存在於法院之外。利用此種場合提出自己的法律主張，也是未來法律戰中所必需的。

在現行國際法中，與因爲國境而容易被阻斷的陸地「一帶」不同，海洋「一路」即使在領海也有無害通航權，在其他海域基本上也保障航行自由。爲了建造這樣的「一路」，中國需要以符合《聯合國海洋法公約》的方式解釋其南海主張。透過在 CLCS 的法律戰，中國已經從戰略性模糊的立場上邁出了一步，使得實證法的討論變得更加容易，儘管如此，距離達成共識的道路依然漫長，爲了獲得其他國家的理解，中國可能有改變立場之必要。

Archipelagos Belonging to Continental States: A Chinese Lawyer's Perspective," in Dai Tamada and Keyuan Zou, eds., *Implementation of the United Nations Convention on the Law of the Sea: State Practice of China and Japan* (Singapore: Springer, 2021), pp. 115-131; Yurika Ishii, "A Critique Against the Concept of Mid-Ocean Archipelago," in Dai Tamada and Keyuan Zou, eds., *Implementation of the United Nations Convention on the Law of the Sea: State Practice of China and Japan*, pp. 133-147.

|第十章|
一帶一路下中國在中東之機遇與挑戰*

崔進揆**

* 本研究受國科會 112 年專題研究計畫補助，計畫名稱「俄烏戰爭下的美國與沙烏地阿拉伯關係發展：影響與評估」，計畫編號112-2410-H-005-030-。

** 紐西蘭奧塔哥大學和平與衝突研究中心博士。現任中興大學國際政治研究所副教授兼所長、中東與南亞研究中心主任。曾任美國史汀生中心訪問學者、阿拉伯聯合大公國沙迦大學訪問學者。研究領域爲國際政治理論、國際安全與戰略、伊斯蘭與中東區域安全等。

壹、前言

中國政府在習近平上任後於 2013 年開始推動「一帶一路」（One Belt one Road）的全球大型基礎建設投資計畫。「一帶一路」一般又稱為「帶路倡議」（Belt and Road Initiative, BRI），主要由「路上絲綢經濟帶」（Silk Road Economic Belt, SREB）和「海上絲綢之路」（Maritime Silk Road, MSR）組成。「帶路倡議」是中國政府繼 1980 年代發展所謂「特殊經濟區」（Special Economic Zones）和 2001 年中國加入「世界貿易組織」（World Trade Organization, WTO）後的第三波開放政策。透過「帶路倡議」計畫，中國政府展現中國與世界交往、投資全球的強大企圖心。在 2023 年「帶路倡議」推動 10 年之際，全球已有超過 150 個國家、30 多個國際組織和中國政府簽署合作文件，中國與合作夥伴在鐵路、港口、金融、稅收、能源、綠色發展等 20 多個領域建立多邊對話合作的平台，開展 3,000 多個務實項目，帶動了將近 1 兆美元的投資。[1]

值得關注的是，「帶路倡議」雖然為參與國家建設和完善許多基礎設施，並帶來經濟發展與連結國際的機會，但卻也令部分國家陷入所謂「債務陷阱」（debt trap）的危機，因其並未考量個別國家的財務狀況和還款能力，決策程序也不符合西方國家強調的透明原

---

[1] 〈第三屆一帶一路國際合作高峰論壇主席聲明〉，《中華人民共和國外交部》，2023 年 10 月 18 日，http://www.beltandroadforum.org/n101/2023/1018/c134-1207.html。

則。[2] 此外，亦有論者主張「帶路倡議」已然挑戰二戰結束以來西方國家所主導的國際秩序，並可能造成西方陣營內部的分歧和矛盾，例如：歐盟內部因中國問題而分裂、美國和歐盟關係因對中政策立場不同而緊張。[3] 在過去 10 年間，許多針對「帶路倡議」的計畫被歐美國家所提出，目的就是要遏制中國的崛起，以及中國快速增長和擴張的全球影響力，其中包括：美國拜登政府「重建美好世界」（Build Back Better World）計畫、「印太經濟架構」（Indo-Pacific Economic Framework, IPEF）、歐盟「全球門戶」（Global Gateway）計畫等。[4] 儘管這些計畫現階段的成果有限，無法和推動已逾 10 年之久的「帶路倡議」作比擬，但計畫的推出確實反映出西方國家對於「帶路倡議」政策實踐成果的憂慮，也對中國政府未來續推「帶路倡議」構成的潛在挑戰。

在「帶路倡議」涵蓋範圍廣大的眾多區域中，中東有其重要性和

---

[2] Lee Jones and Shahar Hameiri, "Debunking the Myth of 'Dept trap Diplomacy: How Recipient Countries Shape China's Belt and Road Initiatives'," *Chatham House*, August 2020, https://www.chathamhouse.org/sites/default/files/2020-08-19-debunking-myth-debt-trap-diplomacy-jones-hameiri.pdf.

[3] Maha S. Kamel, "China's Belt and Road Initiative: Implications for the Middle East," *Cambridge Review of International Affairs*, Vol. 31, No. 1 (2018), pp. 76-95.

[4] Joseph Biden, "Why America Must Lead Again: Rescuing U.S. Foreign Policy After Trump," *Foreign Affairs*, Vol. 99, No. 2 (2020), pp. 64-76; Eugénia C. Heldt, "Europe's Global Gateway: A New Instrument of Geopolitics," *Politics and Governance*, Vol. 11, No. 4 (2023), pp. 223-234; Joseph Biden, "Statement on Indo-Pacific Economic Framework for Prosperity," *The White House*, May 23, 2022, https://www.whitehouse.gov/briefing-room/statements-releases/2022/05/23/statement-on-indo-pacific-economic-framework-for-prosperity/.

獨特性，也是影響「帶路倡議」成敗與否的關鍵區域。中東地區海灣國家掌控了全球重要的戰略能源，其產量豐富的石油和天然氣是缺乏戰略能源的中國發展經濟所必須。中國在 2015 年成為全球最大的石油進口國，海灣國家沙烏地阿拉伯、阿拉伯聯合大公國、卡達、伊朗都是中國戰略能源的主要供應者，而中國也是這些國家重要的貿易夥伴。此外，就地理位置而言，中東位於歐、亞、非三洲的關鍵樞紐地帶，不僅是「帶路倡議」兩大路徑——「路上絲綢經濟帶」和「海上絲綢之路」必經之地，也同時掌控了全球重要的貿易和能源航路。位於波斯灣口的荷莫茲海峽（Strait of Hormuz）是掌控全球戰略能源的要道，2022 年每日有將近 2,100 萬桶的原油經由荷莫茲海峽輸往世界各國，相當於全球 20% 的石油需求量。[5] 阿拉伯半島南端的曼德海峽（Strait of Bab el-Mandeb）其地緣戰略的重要性亦與荷莫茲海峽相似，不僅控制了全球近 10% 的海上石油貿易路徑，也是連通印度洋、紅海、蘇伊士運河、地中海的關鍵要道。[6]「帶路倡議」欲建立連結歐、亞、非三洲的海、陸、空走廊與要道，中東是不可忽視的關鍵區域。

鑑於中東地區的重要性，本文檢視「帶路倡議」在過去 10 年間

---

[5] "The Strait of Hormoz is the World's Most Important Oil Transit Chokepoint," *US Energy Information Agency*, November 21, 2023, https://www.eia.gov/todayinenergy/detail.php?id=61002.

[6] "The Bab el-Mande Strait is the Strategic Route for Oil and Natural Gas Shipments," *US Energy Information Agency*, August 27, 2019, https://www.eia.gov/todayinenergy/detail.php?id=41073.

於中東地區的政策推動和實踐狀況，並特別聚焦於能源豐富的海灣阿拉伯國家，因為海灣國家掌控影響中國經濟發展的戰略能源，也是「帶路倡議」欲合作、發展的重點國家。研究認為，「帶路倡議」的政策推出時間因適逢中東地區海灣國家進行經濟與社會的轉型與改革，加諸關鍵基礎設施建設、交通、能源、貿易、科技等計畫項目與中東地區諸國的轉型、改革計畫有著高度的重疊性，因此能夠得到多數國家的認同與參與，盼透過參與「帶路倡議」達到與中國彼此互惠、雙贏的政策成果，而包含海灣國家在內等區域國家推動改革與轉型的政策目標，也是中國政府續推「帶路倡議」的有利條件。然而，值得關注的是，中國因推動「帶路倡議」而擴增的政治權力和影響力已遭到歐美國家和競爭對手的關切和反制，紛紛推出性質與內容相仿的大型基礎建設計畫來與中國競爭，構成「帶路倡議」未來在中東地區推動和實踐上的阻礙。另，中東地區快速變化的政局和國際局勢，以及 2023 年 10 月以色列與哈馬斯（Hamas）間持續的衝突，都可能限制與影響「帶路倡議」未來的發展。是故，區域局勢和個別國家政治與社會的發展，也是中國政府未來續推「帶路倡議」可能面臨的困難與挑戰。

貳、帶路倡議與中東：願景與機遇

自 2014 年國際油價下跌後，中東地區國家就積極構思經濟與社會的轉型和改革，其中尤以經濟發展極度依賴出口石油、天然氣的海

灣國家最為積極，而中東諸國推動轉型與改革的意願也提供中國「帶
路倡議」在區域發展的有力條件。海灣國家因掌控國際重要戰略能
源，出口石油、天然氣等戰略能源的獲利成為相關國家經濟成長和發
展的關鍵。[7] 然而，能源市場和國際油價波動的不穩定因素卻也同時成
為減緩，甚或阻礙產油國家經濟發展的障礙。此外，自 2015 年《巴
黎協定》（*Paris Agreement*）簽署、聯合國「永續發展目標」（UN
Sustainable Development Goals, UNSDGs）確立後，對抗氣候變遷、
控制全球暖化成為全球共識，各國相繼推出新的氣候和能源政策，
期盼透過能源轉型和降低石化能源占比等措施，來具體實踐減碳和聯
合國永續發展目標。為減少各國能源政策調整對戰略能源供給和國
家經濟發展所造成的衝擊與影響，中東地區諸國在過去 10 年間相繼
推出大型國家轉型計畫，例如：「沙烏地阿拉伯願景 2030」（Saudi
Vision 2030）、阿拉伯聯合大公國「We the UAE 2030」、「阿曼願
景 2040」（Oman Vision 2040）、「卡達國家願景 2030」（Qatar
National Vision 2030）等。

　　中東諸國大型改革計畫的推出時間和預計實踐項目，實際上與中
國習近平政府推動的「帶路倡議」具有高度的重疊性，「帶路倡議」
亦將中東列為計畫發展的關鍵區域。中國政府投資中東的決策考量
除了因為中東連接歐、亞、非三洲的獨特地理位置外，中國與區域

---

[7]　Giacomo Luciani, "Oil and Political Economy in the International Relations of the Middle East," in Louise Fawcett, ed., *International Relations in the Middle East* (Oxford, U.K.: Oxford University Press, 2017), pp. 105-130.

國家的關係實際也影響著中國在國際社會上的大國地位與自身的經濟發展，畢竟驅動中國經濟發展的戰略能源主要還是來自中東地區的海灣國家。在「帶路倡議」推動 10 年之際，中國在中東地區已與 21 個阿拉伯國家和區域組織阿拉伯國家聯盟（The Arab League）簽署合作協議，亦有 17 個阿拉伯國家支持習近平政府大力推動的全球發展計畫，15 個國家加入亞洲基礎設施投資銀行（Asian Infrastructure Investment Bank, AIIB），14 個國家加入中阿數據安全合作倡議（China-Arab Cooperation Initiative for Data Security）。[8]在中東諸國的改革計畫中，都可以窺見區域大型基礎建設與中國「帶路倡議」的對接和互補，特別是位於海灣地區的阿拉伯國家，諸如阿拉伯聯合大公國、沙烏地阿拉伯、卡達。前述這些國家不僅提供驅動中國經濟發展必須的石油、天然氣等戰略能源，其本身在基礎設施、地理位置、經貿發展等面向優於區域其他諸國的條件，也是中國投資、布局中東的決策考量重點。

　　「帶路倡議」推出後吸引阿拉伯聯合大公國的高度參與意願，而阿拉伯聯合大公國連結區域和全球的交通樞紐地位也成為「帶路倡議」在中東地區積極爭取的合作對象。在加入「帶路倡議」之前，中國已是阿拉伯聯合大公國第二大的貿易夥伴國，參與「帶路倡議」讓中、阿兩國關係更為緊密。阿拉伯聯合大公國有超過八成的進口

8　 "BRI Brings Development of China and the Middle East Closer than Ever," *China Daily*, May 10, 2023, https://www.chinadaily.com.cn/a/202305/10/WS645ad037a310b6054fad2003.html.

貨物來自「帶路倡議」合作國家，亦有超過九成的非石油商品輸往「帶路倡議」合作國。[9] 此外，阿拉伯聯合大公國擁有區域最繁忙的海、空港口設施，也有建設完善、多元的自由區，相關基礎設施條件有利於「帶路倡議」的推動。若以過境的國際旅客計算，杜拜國際機場自 2014 年起已是全球最繁忙的機場，而阿勒馬克圖姆機場（Al Maktoum International Airport）和阿布達比機場（Abu Dhabi Airport）也是國際重要的貨運和民航轉運中心。[10] 知名航空公司阿提哈德航空（Etihad Airways）、阿聯酋航空（Emirates）的基地就分別位於阿布達比與杜拜。在海運方面，杜拜的傑貝阿里港（Jebel Ali Port）是區域最繁忙的商港，腹地涵蓋範圍與沙烏地阿拉伯吉達港（Jeddah Port）、阿曼塞拉萊港（Salalah Port）相鄰，吉達港和塞拉萊港分別是區域第二和第三大港，而位於阿布達比的哈里發港（Khalifa Port）更是全球最大的深水港之一。哈里發港是中國遠洋運輸集團（China Ocean Shipping Company, COSCO）在中東的轉運基地，也是該公司全球 36 個轉運據點之一。完善的海、空港口設施，不僅是阿拉伯聯合大公國維持進出口貿易的關鍵基礎設施，其地理位置和交通便捷性也為該國創造與中國「帶路倡議」合作的機會與可能性。

在「帶路倡議」架構下，中國與阿拉伯聯合大公國實際已完成

---

[9] "CDR-Essential Intelligence: The Belt and Road Initiative 2022 (UAE)," *Charles Russell Speechlys*, November 2, 2022, https://www.charlesrussellspeechlys.com/en/insights/expert-insights/construction-engineering-and-projects/2022/cdr--essential-intelligence-the-belt-and-road-initiative-2022/.

[10] Ibid.

許多合作項目，例如：義烏市場（Yiwu Market）的興建、中國—阿拉伯聯合大公國產能合作示範區（China-UAE Industrial Capacity Cooperation Demonstration Zone）的設置、杜拜國際金融中心（Dubai International Financial Center, DIFC）與交子金融科技夢工廠（Jiaozi Fintech Dreamworks）的合作案等。義烏市場在 2022 年開幕，其興建是杜拜環球港務集團（DP World）與浙江中國商品城集團（Zhejiang Commodity City Group, CCCP）共同投資，目的是實踐中國商品透過「帶路倡議」前進中東、非洲與歐洲的計畫。[11] 中國—阿拉伯聯合大公國產能合作示範區則是江蘇海外合作與投資公司（Jiangsu Provincial Overseas Cooperation and Investment Company, JOCIC）在阿布達比哈里發工業區（KIZAD）的開發案，吸引超過 20 家中國企業前往投資，不僅協同中遠海運繁榮了哈里發港，也將哈里發港建設爲連結區域城市與國家的中心。[12] 另，開始於 2020 年的杜拜國際金融中心與交子金融科技夢工廠合作案，則是透過金融科技的合作，深化中國與阿拉伯聯合大公國在區塊鏈、人工智慧、大數據、雲端運算等領域的合作。[13] 藉由「帶路倡議」，中國將其全球發展計畫與阿拉伯聯合大公國的經濟轉型與改革構想對接，達到雙贏、互惠的目標。

　　沙烏地阿拉伯與阿拉伯聯合大公國相似，王儲沙爾曼（Mohammed bin Salman）上任後推動的「沙烏地阿拉伯願景 2030」

---

[11] Ibid.

[12] Ibid.

[13] Ibid.

（以下簡稱「願景 2030」）計畫與「帶路倡議」中的投資項目具有重疊性，且彼此互補性強。「願景 2030」計畫在 2016 年中國杭州召開的 G20 峰會上被正式介紹，目標是將沙烏地阿拉伯建設成為阿拉伯和伊斯蘭世界的心臟、投資全球的強國、連結亞、非、歐三大洲的中心。[14] 沙烏地阿拉伯也積極透過「願景 2030」來從事國家的經濟轉型與改革，包括：阿美石油公司（Armco）朝向私有化發展、公共投資基金（Public Investment Fund）轉型為主權財富基金（Sovereign Wealth Fund）等。中沙關係在 2008 年提升至戰略夥伴關係後，中國在 2013 年成為沙國最大的貿易夥伴國，兩國關係在 2016 年更提升至全面戰略夥伴關係。習近平在 2016 年赴沙國進行國是訪問期間，沙爾曼國王曾公開表示對「帶路倡議」的支持，以及沙國將深化與中國在貿易、投資、能源、教育、科技、資訊安全等領域的合作。[15] 沙爾曼國王於 2017 年應習近平之邀訪問北京時，習近平亦公開表示對沙烏地阿拉伯「願景 2030」計畫的支持，並將之正式寫入兩國共同發布的聯合聲明中。根據《中華人民共和國和沙特阿拉伯王國聯合聲明》，中、沙兩國同意將彼此關係放在各自對外關係的優先位置，並願意成為彼此的全球夥伴。[16] 中國願意支持沙烏地阿拉伯實現「願景

---

[14] "Vision 2030 Kingdom of Saudi Arabia," https://www.vision2030.gov.sa/media/cofh1nmf/vision-2030-overview.pdf.

[15] 〈習近平同沙特阿拉伯國王薩勒曼舉行會談〉，《中阿合作論壇》，2016 年 1 月 20 日，http://www.chinaarabcf.org/zyhd/201601/t20160120_6405483.htm。

[16] 〈中華人民共和國和沙特阿拉伯王國聯合聲明（全文）〉，《新華網》，2017 年 3 月 18 日，http://www.xinhuanet.com//world/2017-03/18/c_1120651415.htm。

2030」計畫，沙烏地阿拉伯也願意成爲中國「帶路倡議」在西亞的重要一站，並支持中國政府主辦「一帶一路國際合作高峰論壇」。[17]

　　在過去 10 年中，中國「帶路倡議」和沙烏地阿拉伯「願景 2030」展現了高度的互補性，並實踐彼此皆能互惠的願景。中、沙兩國達成的具體項目較著名者有：興建哈拉曼高鐵（Halaman Railway）、建設紅海新城、金融整合等。哈拉曼高鐵動工於 2009 年，2018 年完成建設，在中國鐵道建築集團（China Railway Construction Corporation, CRCC）協助下，距離近 450 公里的高速鐵路連接了麥加、麥地那兩大聖城。便捷的高鐵不僅有助於全球穆斯林在沙烏地阿拉伯境內進行朝聖之旅，也具體實踐了「願景 2030」中，提升沙烏地阿拉伯成爲阿拉伯和伊斯蘭世界核心的目標。除了高速鐵路，中國也協助沙烏地阿拉伯在西部地區興建紅海新城。紅海新城的計畫構想是綠色、低碳和永續的理念，中國電力建設集團（Power Construction Corporation of China, PCCC）參與並實現了中、沙共建「帶路倡議」的重點領域，中國提出「雙碳」的目標，沙烏地阿拉伯則啓動「綠色沙烏地」倡議。[18] 在中、沙兩國合作下，新城建設的電力系統規劃使用100%的清潔能源，不僅節電也省電。[19] 在金融領域整合方面，沙烏地阿拉伯在 2015 年加入中國主導的亞洲基礎設

---

[17] 同前註 16。

[18] 〈中國電建助力沙特打造綠色新城〉，《中阿合作論壇》，2023 年 2 月 23 日，http://www.chinaarabcf.org/zagx/gjydyl/202302/t20230223_11029985.htm。

[19] 同前註 18。

施投資銀行，中國工商銀行也於同年在沙烏地阿拉伯首都利雅德開設中東地區第一個分行。2017 年 3 月中國出口信用保險公司（China Export and Credit Insurance Corporation, CECIC）和沙烏地國家發展基金（Saudi Development Fund）亦就出口信用簽署協議，該協議是中國出口信用保險公司與海灣國家金融機構簽署的第一個合作協議。[20]

最後，「帶路倡議」在中東另一重要的合作夥伴與計畫是卡達和其政府推動的「卡達國家願景 2030」（以下簡稱「國家願景 2030」）。習近平在 2022 年 12 月參加中國─阿拉伯國家峰會時曾會見卡達政治領袖埃米爾塔米姆（Emir Sheikh Tamim），當面向其表示中國支持卡達「國家願景 2030」，並預祝卡達舉辦世界盃足球賽順利、成功。[21]中國和卡達自 1988 年正式建立外交關係後，兩國關係發展穩健，經貿和能源上的合作日益密切。中國現今已是卡達最重要的貿易夥伴國，卡達則是中東地區供給中國能源的重要國家。在過去 10 年中，中國計畫性地增加對卡達的投資，因此卡達境內許多關鍵的基礎設施和能源計畫都可以看到中國的參與。作為 2022 年世界盃足球賽的主辦國，卡達政府挹注了龐大的資金來興建賽事場館，並提升相關基礎設施，而中國則是成就卡達舉辦世界盃足球賽的重要貢

---

[20] 〈中國信保與沙特發展基金簽署合作協議〉，《中國出口信用保險公司》，2017 年 3 月 16 日，https://www.sinosure.com.cn/xwzx/xbdt/172003.shtml。

[21] "Xi Jinping Meets with Qatari Emir Sheikh Tamim bin Hamad Al Thani," *Ministry of Foreign Affairs of the People's Republic of China*, December 9, 2022, https://www.mfa.gov.cn/mfa_eng/topics_665678/2022/xjpcxfh/202212/t20221210_10988599.html.

獻者。在中國政府的支持下，中國鐵道建築集團成功標下世足賽主場館路賽爾體育場（Lusail Stadium）的建案，並在 2020 年 12 月完工交予卡達政府使用。[22] 路賽爾體育場被喻為是世界最大的膜結構建築，占地 45,000 英畝，可容納 92,000 人。除了路賽爾體育場，教育城體育場（Education City Stadium）的鋼骨結構建造，以及 974 體育場（Stadium 974）的興建也都出自中國的公司。[23] 中國企業和公司也協助建造可容納龐大數量旅客的球迷村（Fans' Village），並提供載運球迷往返各主要場館與球迷村的電動巴士。同時，中國手機製造商 Vivo 被主辦單位指定為賽事官方手機，Vivo 也是 2022 年世界盃足球賽唯一的手機行動裝置贊助商。再者，賽事周邊相關商品和紀念品也多是出自「中國製造」，例如：位於廣東省的東莞瑋光公司（Dongguan Wagon Giftware）就取得製作大力神盃複製品和全球販售通路的獨家授權。[24] 由於中國參與並協助卡達舉辦世界杯足球賽，建立了其與卡達的合作信任與默契。

　　除了世界盃足球賽的建設工程，中國亦積極投入卡達的港口興建與能源轉型計畫，並將「帶路倡議」計畫與卡達的「國家願景 2030」進行對接與整合。卡達政府近幾年投資建設鄰近首都多

[22] Muhammad Zulfikar Rakhmat and Yeta Purnama, "China's Prominent Role in the 2022 Qatar World Cup," *The Diplomate*, December 5, 2022, https://thediplomat.com/2022/12/chinas-prominent-role-in-the-2022-qatar-world-cup/.

[23] Ibid.

[24] "'Made in China' Marches to 2022 FIFA World Cup," *The Nation*, November 22, 2022, https://www.nationthailand.com/world/40022317.

哈（Doha）的哈馬德港（Hamad Port），哈馬德港的建設因有利於 2022 年世界盃足球賽的進行，被卡達視為是「國家願景 2030」的重點項目之一。中國和卡達在過去也簽署了海事合作備忘錄，來自中國的中國港灣工程有限公司（China Harbour Engineering Company Ltd）與振華重工（Zhenhua Heavy Industries Company）都參與了哈馬德港口的基礎建設計畫。[25] 在能源議題方面，中國與卡達的合作亦非常緊密。卡達是液化天然氣的生產和出口大國，全球近三分之一的液化天然氣來自卡達，亦是包含中國在內等許多國家天然氣的供應國。在「帶路倡議」計畫的推動下，中國石化（SINOPEC）與中國石油天然氣集團（China National Petroleum Corporation, CNPC）分別在 2022 年和 2023 年與卡達簽署長達 27 年的長約。根據契約內容，前述兩個中國企業每年可各自向卡達進口 400 萬噸的液化天然氣，並獲得參與卡達北方油田（The North Field）擴增計畫的機會，以及以合資夥伴的身分取得油田的持股權。[26] 卡達政府在 2024 年 2 月宣布將於 2030 年之前將北方油田的產能提升至每年 1 億 4,200 萬噸，亦即總體產能將增加 85%。[27] 中國與卡達在能源項目的合作不僅可以確保本身的能

---

[25] "Building the New Port," *Hamad Port Project*, http://www.npp.com.qa/Construction.html; also see "China Signs Port Investment MoU with Qatar," *Port Technology International*, November 9, 2018, https://www.porttechnology.org/news/china_signs_port_investment_mou_with_qatar/.

[26] "Qatar Secures Second Major LNG Supply Deal with China," *Al-Jazeera*, June 20, 2023, https://www.aljazeera.com/news/2023/6/20/qatar-secures-second-major-lng-supply-deal-with-china.

[27] Nishant Ugal, "QatarEnergy Unveils New Plan to Further Expand the World's

源安全，參與油田擴增計畫和持股也有助於中國擴大在全球天然氣市場的影響力。

參、帶路倡議與中東：挑戰與困難

除了願景和機遇，「帶路倡議」在中東地區推動也面臨諸多的挑戰與困難，而這些挑戰與困難實際又與區域情勢發展和國際局勢變化有關。自 2001 年美國政府在大中東地區推動反恐戰爭（War on Terror）以來，中東地區的國際關係、地緣政治格局、經貿合作發展變動快速，區域局勢發展連帶影響了中國與區域國家間的互動，以及帶路倡議在區域內的推動。

首先，伊拉克海珊政權（Saddam Hussein）在 2003 年伊拉克戰爭中被推翻，打破了 1979 年伊朗伊斯蘭革命後的地緣政治結構，伊朗什葉勢力正式進入阿拉伯半島。透過支持伊拉克、敘利亞、黎巴嫩、葉門境內特定的政權和民兵團體，伊朗在過去 20 年間建立起所謂「什葉新月」（The Shia Crescent）勢力，在阿拉伯半島上與遜尼伊斯蘭（Sunni Islam）領導國家沙烏地阿拉伯分庭抗禮，相互競逐區域影響力。此外，2010 年突尼西亞茉莉花革命帶動的阿拉伯之春運動（The Arab Spring），在中東北非地區獲得多國群眾的響應，這股由基層群眾發起的民主化運動，推翻了突尼西亞、利比亞、埃及、葉

Largest Gas Field," *American Petroleum Institute*, February 25, 2024, https://www.upstreamonline.com/field-development/qatarenergy-unveils-new-plan-to-further-expand-the-worlds-largest-gas-field/2-1-1603279.

門等國的專制政權，亦撼動了阿拉伯半島上敘利亞與巴林的政權。受到阿拉伯之春運動的影響，中東北非地區許多國家經歷了政治與社會的轉型，甚或陷入連年的內戰，連帶影響中東地區國際關係發展。再者，2023 年 3 月沙烏地阿拉伯與伊朗的和解，以及同年 10 月以色列與哈馬斯在加薩地區的戰爭，均為中東地區情勢發展設下了變數，不僅影響未來區域國家間的合縱連橫，也影響美國、中國等域外國家在中東地區的戰略布局。整體而言，中東地區快速變化的政局，特別是 2023 年以哈戰爭後的區域情勢發展，以及中、美兩國區域權力、影響力的競爭，尤其是西方諸國反制中國「帶路倡議」的計畫，例如：拜登政府 2022 年發起的 I2U2、印度總理莫迪 2023 年在 G20 峰會上提出的三方經濟走廊（India-Middle East-Europe Economic Corridor, IMEC）、歐盟國家在 2021 年推出的全球門戶計畫，勢必成為中國政府未來在大中東地區持續推動「帶路倡議」時無可避免的挑戰。

　　面對中國「帶路倡議」在中東地區的發展，以及中國權力和影響力在區域內的擴張，拜登政府在 2022 年 7 月與以色列、印度、阿拉伯聯合大公國發布聯合聲明，提出 I2U2 的倡議構想。藉由 I2U2 四國合作，美國欲與區域內國家在水資源、能源、交通、空間、衛生、糧食安全等領域開展進一步合作，而其特色是啓用私部門資本和相關專業知識來實現參與國家基礎設施的現代化，並深化中東地區國家間的連結。[28] 在聯合聲明中，四國達成在糧食安全、乾淨能源兩個項目

---

[28] "Joint Statement of the Leaders of India, Israel, United Arab Emirates, and the

的具體合作內容，以及在印度建立綜合食品園區和發展混合可再生能源項目。[29] 綜合食品園區規劃由阿拉伯聯合大公國出資、印度提供土地、美國和以色列提供技術及相關資源；混合可再生能源項目則是由美國貿易開發總署（US Trade and Development Agency）出資、阿拉伯聯合大公國企業提供關鍵知識和投資，目的是把印度建設成全球可再生能源供應鏈的中心。[30] I2U2雖未明確指出推動的目的就是對抗中國的「帶路倡議」，但一般認為「帶路倡議」的推動和實踐成果確實是拜登政府發起 I2U2 的決策考量，而美國政府事實上也欲藉由 I2U2 來重振自川普時代以降美國在中東地區逐漸衰退的領導力。

　　川普執政後，美國政府的中東政策採取戰略緊縮，減少中東地區駐軍、轉移戰略重心至印太地區成為美國中東政策的核心。[31] 美國政府除了公布「印太戰略」展示對印太地區的關注外，亦執行阿富汗撤軍計畫，減少並重新部署在伊拉克、敘利亞等國的駐軍。美國政府的戰略緊縮讓區域內阿拉伯國家和盟友對美國過去提供的安全承諾產生

United States (I2U2)," *The White House*, July 14, 2022, https://www.whitehouse.gov/briefing-room/statements-releases/2022/07/14/joint-statement-of-the-leaders-of-india-israel-united-arab-emirates-and-the-united-states-i2u2/.

[29] Ibid.

[30] Ibid.

[31] 關於川普政府外交安全戰略，可以參閱 Seam Yom, "US Foreign Policy in the Middle East: The Logic of Hegemonic Retreat," *Global Policy*, Vol. 11, No. 1 (2020), pp. 75-83; Aaron Ettinger, "Principled Realism and Populist Sovereignty in Trump's Foreign Policy," *Cambridge Review of International Affairs*, Vol. 33, No. 3 (2020), pp. 410-431; Paul MacDonald, "America First? Explaining Continuity and Change in Trump's Foreign Policy," *Political Science Quarterly*, Vol. 133, No. 3 (2018), pp. 401-434.

懷疑，並在互信不足的情況下轉而開展與俄羅斯、中國的關係。在俄烏戰爭中，阿拉伯國家並未加入以美國為首西方國家發起制裁俄羅斯的行動，海灣產油國阿拉伯聯合大公國甚至還向俄羅斯低價購買原油再轉售。[32] 此外，在沙烏地阿拉伯的安排之下，中國於 2022 年年底在沙烏地阿拉伯首都利雅德和阿拉伯國家盛大舉辦了首屆「中國—阿拉伯國家峰會」、「中國—海灣阿拉伯國家合作委員會峰會」，中國還與沙烏地阿拉伯簽署了中沙全面戰略夥伴關係協議。[33] 除了中、沙兩國關係的實質提升外，中國亦與伊朗在 2021 年簽署涵蓋能源、安全基礎設施、通信等領域內容的 25 年戰略合作協定。[34]

在中國的調停下，伊朗與沙烏地阿拉伯更在 2023 年 3 月達成和解共識，彼此同意恢復自 2016 年以來就中斷的外交關係。[35] 為了遏制中國在中東地區日增的影響力，I2U2 成為拜登政府團結區域友邦、對抗中國的重要政策，該政策也可進一步深化以色列與阿拉伯聯合大

---

[32] Vivian Nereim, "An Oil-Rich Ally Tests Its Relationship with the U.S.," *The New York Times*, August 8, 2023, https://www.nytimes.com/2023/08/08/world/middleeast/uae-russia-china-us.html?searchResultPosition=2.

[33] Song Niu and Danyu Wang, "'Three Summits' and the New Development of China-Arab States Relations in the New Era," *Asian Journal of Middle Eastern and Islamic Studies*, Vol. 17, No. 1 (2023), pp. 15-30.

[34] Farnaz Fassihi and Steven Lee Myers, "China, With $400 Billion Iran Deal, Could Deepen Influence in Mideast," *The New York Times*, March 27, 2021, https://www.nytimes.com/2021/03/27/world/middleeast/china-iran-deal.html.

[35] Yasmine Farouk, "Riyadh's Motivations Behind the Saudi-Iran Deal," *Carnegie Endowment for International Peace*, March 30, 2023, https://carnegieendowment.org/2023/03/30/riyadh-s-motivations-behind-saudi-iran-deal-pub-89421.

公國的雙邊關係，落實兩國在2020年簽署關係正常化的協議。[36] 由於 I2U2 涉及區域國家大型基礎建設的投資，與中國「帶路倡議」內容實際具有重疊和競爭性，四國合作若具體成形，甚或擴大參與夥伴，未來將成為「帶路倡議」在中東地區發展的潛在挑戰。

除了 I2U2，印度總理莫迪在 2023 年 G20 峰會上提出的 IMEC 也是「帶路倡議」在中東地區發展和實踐必須面對的另一挑戰。IMEC 的簽署和參與國家包括：印度、美國、沙烏地阿拉伯、阿拉伯聯合大公國、歐盟、法國、德國、義大利，各國計畫透過兩條路徑來實踐印度、中東、歐洲的連結。[37] IMEC 具體有東線和北線兩條路徑，東線以海路的方式將印度與阿拉伯半島上的海灣國家聯繫起來，北線則以陸路方式以鐵路建設將海灣國家與約旦、以色列連接，而後再從以色列透過海路方式連接南歐的法國、義大利，最終再以兩條鐵路通往歐洲的中部、北部和西部。IMEC 雖未明確表示是針對中國的「帶路倡議」，但計畫提出後，各界普遍認為是美國、印度、中東和歐洲國家為平衡中國勢力在全球擴張的反制措施。[38] 相較於 2022 年僅有四國參

[36] "Abram Accords Peace Agreement: Treat of Peace, Diplomatic Relations and Full Normalization Between the United Arab Emirates and the State of Israel," *U.S. Department of State*, https://2017-2021.state.gov/wp-content/uploads/2020/09/UAE_Israel-treaty-signed-FINAL-15-Sept-2020-508.pdf.

[37] "Memorandum of Understanding on the Principles of an India-Middle East-Europe Economic Corridor," *The White House*, September 9, 2023, https://www.whitehouse.gov/briefing-room/statements-releases/2023/09/09/memorandum-of-understanding-on-the-principles-of-an-india-middle-east-europe-economic-corridor/.

[38] Nikhil Inamdar, "Can India-Europe Corridor Rival China's Belt and Road?" *BBC News*, October 2, 2023, https://www.bbc.com/news/world-asia-india-66957019;

與的 I2U2，IMEC 展現強烈的企圖心，參與國家更多、計畫規模更大，預計影響範圍更廣。

值得關注的是，義大利和沙烏地阿拉伯參與 IMEC 具有重要的特殊意義。義大利在 2019 年參與中國「帶路倡議」，是 G7 國家中唯一參與「帶路倡議」的國家，也是海上絲綢之路在歐洲的重要據點。然而，義大利現任總理梅洛尼（Giorgia Meloni）的外交政策親美，認為「帶路倡議」能為義大利創造的經貿利益有限，因此主張退出「帶路倡議」。在梅洛尼主政下，義大利已於 2023 年 12 月正式向中國表明退出意願。2024 年 3 月協議到期後，義大利將不再展延與中國的合作。義大利在「帶路倡議」推動 10 年之際改變外交政策，重新回歸西方陣營，對中國續推「帶路倡議」形成了阻礙。[39] 另外，沙烏地阿拉伯參與 IMEC 也有象徵性的指標意義，因為拜登總統曾多次公開批評沙烏地阿拉伯的人權問題，兩國過去也因人權和葉門內戰問題導致外交緊張。2023 年 3 月中國調停沙烏地阿拉伯和伊朗的和解，被許多人認為是中國的外交突破，以及美國中東影響力下滑的證明。[40] 然而，沙烏地阿拉伯加入 IMEC，顯示中國雖是沙烏地阿拉伯最

---

also see Abdu Moiz Khan, "The India-Middle East Economic Corridor (IMEC): Too Little, Too Late?" *Carnegie Endowment for International Peace*, December 12, 2023, https://carnegieendowment.org/sada/91214.

[39] "Italy Withdraw from China's Belt and Road Initiative," *Center for Strategic and International Studies (CSIS)*, December 14, 2023, https://www.csis.org/analysis/italy-withdraws-chinas-belt-and-road-initiative.

[40] Christopher S. Chivvis, Aaron David Miller, and Beatrix Geaghan-Breiner, "Saudi Arabia's Emerging World Order," *Carnegie Endowment for International Peace*,

大的貿易夥伴國，但除了「帶路倡議」的選擇，IMEC 對沙烏地阿拉伯而言也極具吸引力，因爲沙烏地阿拉伯既可維持與歐美國家的互動，也能突顯其連結各大洲的關鍵、獨特地位。同時，加入 IMEC 後的沙烏地阿拉伯與以色列之間的互動也備受矚目，因爲兩國關係能否朝向正常化發展，將會深刻影響未來中東地區地緣政治的發展。

IMEC 的未來發展受到各界關注，但 IMEC 能否對中國「帶路倡議」構成挑戰，甚或成爲區域國家在「帶路倡議」之外的另一選擇頗值得關注，而 2023 年 10 月以色列與哈馬斯的衝突也成爲 IMEC 未來發展的變數。若細究 IMEC 參與國與中國的貿易關係，可以發現中國是大多數參與國的重要貿易夥伴，而經貿互賴關係也讓中國可能影響 IMEC 的發展。中國是美國、沙烏地阿拉伯、阿拉伯聯合大公國、歐盟、德國、法國最大的貿易夥伴國，又是印度和義大利的第二大和第三大貿易對象，加諸參與 IMEC 的諸國對中國的看法實際並不一致，因此各國能否在抗中議題上達成共識，甚或透過 IMEC 來遏制中國與日俱增的影響力頗受質疑。

自川普執政後，遏制中國全球影響力是美國政府對中國政策的主軸，但歐洲國家對中國政策卻存有分歧，歐盟主導國家法國、德國雖認同中國對國際秩序構成「挑戰」，但主張在經濟議題上仍可與中國合作，不似美國在軍事、安全等多個領域視中國爲「威脅」。此外，

November 6, 2023, https://carnegieendowment.org/2023/11/06/saudi-arabia-in-emerging-world-order-pub-90819.

中東地區的阿拉伯國家對於中國的印象事實上也不似美國和許多西方國家負面，若以美國和中國相比，許多國家認為美國對區域造成的威脅比中國更大。根據 2022 年「阿拉伯意見指標」（Arab Opinion Index 2022）的民調顯示，中東阿拉伯國家民眾普遍認為以色列、美國、伊朗是前三大威脅來源，對區域國家而言，中國的威脅程度反而低於前述三者。[41]沙烏地阿拉伯和阿拉伯聯合大公國雖然也是IMEC的參與者，但在思考中國問題時，經貿發展的誘因可能勝於安全方面的考量，加諸中國同是兩國最重要的貿易夥伴，因此 IMEC 能否發揮抗衡中國「帶路倡議」的功能備受質疑。整體而言，雖然 IMEC 參與國對於中國態度的意見存有分歧，且 IMEC 相較於「帶路倡議」推出時間較晚，但 IMEC 反映了參與國家對於中國擴張全球影響力的憂慮，因此如何消弭國際社會對「帶路倡議」的質疑，是中國未來續推該計畫時必須重視和審慎回應的議題。

最後，除了美國和印度皆參與或主導的 I2U2、IMEC，歐盟在 2021 年 9 月提出、12 月正式介紹的「全球門戶計畫」，也是中國在國際社會上推動「帶路倡議」大型基礎建設的挑戰者與競爭對手。「全球門戶計畫」可以視為是歐盟與中國在全球競逐勢力與影響力的大戰略，計畫提出雖未表明是針對中國的「帶路倡議」，但一般解讀其目的就是在對抗「帶路倡議」。「全球門戶計畫」目標是在 2021

---

[41] "Arab Opinion Index 2022: Executive Summary," *Arab Center Washington D.C.*, January 19, 2023, https://www.youtube.com/watch?v=QzBqIBqIA1Q.

年至 2027 年投入至少 3,000 億歐元來建設目標國家，並深化目標國家與歐盟之間的聯繫與整合，具體關注議題則包括：數位科技、氣候及能源、提高政策透明度、藥品多樣化、改善教育品質與跨國人才流通等。[42]

此外，強調以軟實力的方式來傳遞歐盟的價值與規範，以及政策的透明度和維持聯合國永續發展目標的重要性是「全球門戶計畫」的特色。[43]自由、民主、人權一向是歐盟重視的價值與理念，透過「全球門戶計畫」，歐盟欲將其價值與理念傳遞、拓展至目標國家或區域，並以軟實力來擴大歐盟的全球影響力。有別於中國「帶路倡議」常被批評決策過程不夠透明，以及讓參與國家面臨所謂「債務陷阱」的高風險，「全球門戶計畫」強調考量個別國家的財務和還款能力、國內民主發展與人權保障程度，且各項基礎建設的投資都是以符合聯合國永續發展目標作為政策考量的依據。「全球門戶計畫」自推出迄今，在伊拉克、埃及、突尼西亞、摩洛哥、阿爾及利亞等中東北非地區的阿拉伯國家皆有進行中的項目，其所涵蓋的地理範圍、關注議題、投資項目皆與「帶路倡議」實際具有重疊性，相互競爭的意涵濃厚。

---

[42] Alberto Rizzi and Arturo Varvelli, "Opening the Global Gateway: Why the EU Should Invest More in the Southern Neighbourhood," *European Council on Foreign Relations*, March 14, 2023, https://ecfr.eu/publication/opening-the-global-gateway-why-the-eu-should-invest-more-in-the-southern-neighbourhood/.

[43] Eugénia C. Heldt, "Europe's Global Gateway: A New Instrument of Geopolitics," *Politics and Governance*, Vol. 11, No. 4 (2023), pp. 223-234.

　　相較於歐盟「全球門戶計畫」對目標國家投資評估設下的高標準，「帶路倡議」對個別國家的投資限制相對較爲寬鬆，雖然「債務陷阱」的風險確實存在，過去也確切發生在斯里蘭卡和寮國等國家，但仍對許多發展中的國家具備吸引力。根據中國政府統計，在「帶路倡議推動」10 年之際，全球已有超過 150 個國家、30 多個國際組織和中國政府簽署合作文件。[44] 除了相對寬鬆的投資條件，中國政府「不干涉原則」的外交政策主張，也爲「帶路倡議」在國際上的推動創造了有利的條件和誘因，增加各國參與「帶路倡議」的意願。有別於「全球門戶計畫」或是美國與西方國家提出的大型基礎建設方案，「帶路倡議」對於參與國家在身分、認同、價值、理念上並不預作特別的限制，標的國的還款能力、民主程度和人權保障紀錄也非中國考量合作與投資的關鍵。中東地區許多國家的人權紀錄並不佳，政治體制亦非西方國家認定的民主政體，沙烏地阿拉伯、伊朗等區域大國都曾在相關議題上遭受西方國家的批判，並施加政治壓力。

　　中國「不干涉原則」的論述主張和外交傳統，在中東地區和許多開發中國家得到政府和政治菁英的廣泛認同，連帶有助於中國政府推動外交政策和在全球拓展「帶路倡議」。然而，不可否認地，雖然「帶路倡議」在國際社會中有其優勢和吸引力，但伴隨著中國權力和影響力的擴張，以美國爲主的西方國家已將中國視爲是國際秩序的挑

---

44 〈第三屆「一帶一路」國際合作高峰論壇主席聲明〉，《中華人民共和國外交部》，2023 年 10 月 18 日，http://www.beltandroadforum.org/n101/2023/1018/c134-1207.html。

戰者，並相繼推出各種大型的基礎建設計畫來試圖平衡中國的勢力。國際社會對於「帶路倡議」的質疑和批評，會是該計畫未來能否持續走向下一個 10 年，實踐習近平描述的從「大寫意」走向「工筆畫」階段，落實將「規劃圖」轉化為「實景圖」目標的挑戰。[45]

　　除了西方國家提出與「帶路倡議」類似的競爭性計畫外，「帶路倡議」未來在中東地區的推動也會受到區域政治情勢發展的影響，特別是 2023 年 10 月迄今的以哈衝突。以哈衝突之前，區域情勢有朝向以色列與阿拉伯國家和解的趨勢發展，繼 1970 年代的埃及、1990 年代的約旦，阿拉伯聯合大公國、巴林、蘇丹、摩洛哥先後在 2020 年承認以色列，沙烏地阿拉伯也在美國的斡旋下與以色列進行磋商，各方預期沙烏地阿拉伯和以色列可在 2023 年底實踐兩國關係正常化，繼而帶動更多阿拉伯國家承認以色列。[46] 然而，以哈衝突發生後，沙以關係正常化受到影響，沙烏地阿拉伯主張解決巴勒斯坦問題的兩國方案必須是沙以關係正常化的前提。[47] 雖然美國、以色列、沙烏地阿拉伯對外都宣稱沙以關係正常化仍在進行中，但其進程確實受到以哈

---

[45] 〈習近平在第三屆「一帶一路」國際合作高峰論壇開幕式上的主旨演講（全文）〉，《中華人民共和國外交部》，2023 年 10 月 18 日，http://www.beltandroadforum.org/n101/2023/1018/c132-1174.html。

[46] Clarke Cooper, "The Future of Saudi-Israeli Relations is a Balancing Act Between Palestinian and Regional Interests," *Atlantic Council*, February 22, 2024, https://www.atlanticcouncil.org/blogs/menasource/saudi-arabia-israel-two-state-gaza-normalization/.

[47] Dalia Dassa Kaye and Sanam Vakil, "Only the Middle East Can Fix the Middle East: The Path to a Post-American Regional Order," *Foreign Affairs*, Vol. 103, No. 2 (2024), pp. 32-43.

衝突的影響，而來自 16 個阿拉伯國家的民調也顯示，高達 89% 的民眾不支持政府承認以色列。[48]

事實上，以哈戰爭不僅牽動著區域國家的互動和地緣政治發展，也涉及到美中等域外國家在中東地區推動的大型基礎建設與跨國合作方案。I2U2、IMEC 之所以能推動並轉化為實際的政策作為，就是立基於 2020 年《亞伯拉罕協議》（*Abraham Accords*）開啓阿以關係正常化的基礎。然而，以色列對加薩地區的軍事報復行動導致中東地區局勢升溫，區域民眾對以色列普遍反感，即便阿拉伯諸國有意維持與以色列的合作關係，但亦必須顧及基層群眾的民意輿論，這連帶影響了阿拉伯諸國與以色列的合作。「帶路倡議」因主要涉及中國與個別國家的雙邊互動和投資，受到阿以關係發展的影響較小，但區域國際關係和各國政治情勢等外在因素對「帶路倡議」的衝擊仍不容忽視。

肆、結論

「帶路倡議」自推動迄今已逾 10 年，在 2023 年 10 月召開的第三屆一帶一路國際合作高峰論壇上，習近平正式宣布「帶路倡議」將步入高品質發展的新階段。回顧「帶路倡議」的發展歷程和軌跡，其推動正逢國際局勢變遷的關鍵時刻，而習近平政府掌握了政策推出和實踐的有利條件。習近平就任之時，美國正欲振興本國經濟、擺脫經

---

[48] "Arab Opinion Index 2022: Executive Summary," *Arab Center Washington D.C.*, January 19, 2023, https://www.youtube.com/watch?v=QzBqIBqIA1Q.

濟衰退危機，加諸反恐戰爭對美國國力的消耗和負面形象，國際影響力不如以往。反觀，中國當時正處於經濟產能發展的巔峰，相較於美國，中國更有餘力在國際社會上推動大型的基礎建設計畫。此外，自中共建政後，中國長期的對外政策論述都強調其是開發中國家的一員，主張奉行「不干涉原則」和尊重各別國家領土、主權的完整。中國對開發中國家的經略和論述，在國際社會中累積了推動「帶路倡議」的實力，成功吸引了許多開發中國家的加入和響應。中國「帶路倡議」的願景、目標和「不干涉原則」得到許多中東國家的廣泛認同，在時間點上又適逢海灣地區諸國推動經濟和社會轉型的重要時刻，讓「帶路倡議」可以和諸國的改革計畫有效對接，創造互惠、雙贏的有利條件。在下個 10 年中，中東諸國仍會持續推動經濟的轉型和改革，而區域國家推動轉型和改革的強烈動機和企圖，仍會是中國續推「帶路倡議」、拓展區域和國際影響力的有利條件。在既有合作經驗和政治協議的基礎上，中國與區域國家未來在經貿、能源和文化方面的交流預期將更為緊密。

　　然而，不容否認的是，中國「帶路倡議」所累積的成果和持續增加的區域影響力已引起歐美國家的高度關注和警戒，紛紛推出與「帶路倡議」相仿的大型基礎建設計畫，而這些相似度和重疊性極高的計畫都會是中國續推「帶路倡議」將面臨的挑戰。此外，有鑑於歐美國家批評「帶路倡議」容易讓合作夥伴國家陷入「債務陷阱」的負面影響，因此如何消弭國際社會和合作國家對於「帶路倡議」的憂慮，將會是習近平政府外交政策論述和實踐關注與處理的重點。最後，中

東地區複雜的政治局勢也可能影響「帶路倡議」的推動，以及中國和區域國家彼此間的互動。開始於 2023 年 10 月的以哈戰爭，已推遲川普時代開啓的阿以關係正常化進程，並衝擊歐美國家主導、參與的 I2U2、IMEC 發展。雖然中國長期以來在巴勒斯坦問題上都主張所謂的「兩國方案」，且阿拉伯諸國對於中國的印象也普遍優於美國和西方國家，因此外交上推動「帶路倡議」受到阿以問題影響的可能性較低，但區域政治情勢的動盪，實際也會影響「帶路倡議」計畫的建設，而這也是中國續推「帶路倡議」必須克服的困難與挑戰。

第十一章
中國對韓國尹錫悅政府戰略選擇的反應*

金東燦**

---

* 本文原載於 "Explaining China's Cautious Responses to the Strategic Choices of the Yoon Administration," *Issues and Studies*, Vol. 60, No. 2 (2024), 經同意轉載並進行修改與補充。

** 復旦大學國際關係與公共事務學院博士。現任延世大學國際學大學院助理教授、中國研究院副研究員。曾任慶南大學極東問題研究所訪問學者、慶雲大學教養學部講師。研究領域為美中關係、中國對外政策、東北亞地區安全體系等。

壹、引言

如同多數其他東亞國家，韓國長期以來一直都奉行戰略模糊（Strategic Ambiguity）或避險戰略，以避免選擇任何一方，或是在美中之間作出明確選擇。[1] 然而，尹錫悅政府下的韓國正日益受到國內外因素的影響，不得不在多個領域作出戰略選擇。首先，美中之間加劇的戰略競賽正加速兩大對立陣營的形成，兩個超級大國都在極力拉攏韓國加入其陣營。這項國際體系層面的因素正影響韓國國內幾個因素，首先是韓國學術界意識到「戰略模糊空間正在縮小」，[2] 韓國已無法避免戰略選擇。[3] 美國在韓國領土上部署反飛彈系統，引發來自中國的制裁，而韓國輿論在「戰區高空層區域飛彈防禦系統」（THAAD，又稱薩德系統）爭議之後也發生了重大變化。韓國過去所採行的戰略是「安全靠美國，經濟靠中國」（安美經中），但韓國

[1] Dukhee Han, "From Engagement to Hedging: South Korea's New China Policy," *Korean Journal of Defense Analysis*, Vol. 20, No. 4 (2008), pp. 335-351; Yongsoo Park, "South Korea's Hedging toward South Korea-United States-China Trilateral Dynamics," *Journal of Conflict and Integration*, Vol. 5, No. 1 (2021), pp. 30-58.

[2] G. Kim, J. Kim, G. Namgong, H. Lee, S. Jang, and E. Jo, *U.S.-China Competition and South Korea's Diplomatic Flexibility* (Seoul: Institute for National Security Strategy, 2021), p. 121.

[3] Sukhee Han, "Chinese Foreign Policy in 2021: Outlook and the Direction of South Korea's Response," in Expert Seminar on the Outlook of China's Foreign Policy in 2021, National Assembly Research Service (2021), pp. 8-9; Sang-Yoon Ma, "U.S.-China Competition and Korea's Response: Some Lessons from the Cold War History," *Korea and World Politics*, Vol. 38, No. 1 (2022), p. 146.

近期經濟也愈來愈依賴美國。[4]另外，尹錫悅政府的基本外交戰略是強化韓美同盟關係，同時在「相互尊重」的基礎上展開對中外交。

為此，尹錫悅政府亦主動表示，將在國家利益所需領域中作出戰略選擇，例如決定加入「印太經濟架構」（IPEF）；尹錫悅總統亦親自出席在馬德里舉行的北大西洋公約組織（NATO）高峰會，這在歷任韓國總統中乃是第一次。此外，在尹錫悅總統任期之初，韓國國家情報院（NIS）正式加入北約卓越聯合網路防禦中心（CCDCOE）。值得注意的是，加入北約的程序是在前任文在寅政府時期啟動的，這與外界一般普遍看法相反，顯示與美國的戰略合作並非韓國保守派的專利。[5]然而，尹錫悅政府也似乎積極加強與北約的合作。2022 年 6 月，尹錫悅總統成為首位出席北約高峰會的韓國領導人，並在高峰會期間與美國和日本舉行了會談，同時更強調了三方合作的必要性。2023 年，他還與美國簽署了《華盛頓宣言》，藉此從該主要盟友一方取得新的安全保證。[6]幾個月後，他與美國總統拜登和日本首相岸田文雄共同宣布《大衛營協議》（*Camp David Accords*），以展現三方

---

[4]　*South Koreans and Their Neighbors 2019* (Asan Public Opinion Survey Report), Asan Institute for Policy Studies, https://en.asaninst.org/contents/south-koreans-and-their-neighbors-2019/.

[5]　"South Korea's Foreign Policy Shaped by Moon's Anti-US Past," *Nikkei Asia*, August 6, 2018, https://asia.nikkei.com/Politics/South-Korea-s-foreign-policy-shaped-by-Moon-s-anti-US-past.

[6]　*Washington Declaration (2023)*, *The White House*, April 26, 2023, https://www.whitehouse.gov/briefing-room/statements-releases/2023/04/26/washington-declaration-2/.

合作的深化程度。[7]

　　雖然尹錫悅的施政支持率不超過 40%，但社會大眾輿論卻仍支持尹錫悅政府的整體外交政策傾向。與中國相比，更多民眾認為美國對韓國經濟來說較為重要，這項趨勢在文在寅政府時期就已經相當明顯了。[8]此外，根據某家韓國報紙的報導，在 2020 年至 2021 年期間，韓國民眾傾向美國的比例大幅上升；與此同時，韓國民眾對中國的看法則持續變得負面。[9]皮尤研究中心民調發現，對美國的正面評價（89%）與對中國的正面評價（19%），其差距為「觀察（包含該調查中）所有 19 個國家中具最大差距者」。

　　如今，焦點則開始轉向中國將如何回應韓國的戰略選擇。韓國媒體擔心中國可能會報復，而中國媒體則警告韓國的戰略選擇將會對首爾與北京的關係產生負面影響。[10]至於其所可能引發中國關切的具體戰略選擇，列舉如下：一、韓國官方改變對台灣的立場或政策；二、增加薩德系統部署；三、建立韓國、美國和日本之間的區域聯

7　Lee, H., "Full Text of 'Camp David Principles' Agreed by Leaders of S. Korea, U.S., Japan," *Yonhap News Agency*, 2023, https://en.yna.co.kr/view/AEN20230819000400315.

8　*South Koreans and Their Neighbors 2019* (Asan Public Opinion Survey Report) (2019). Asan Institute for Policy Studies, https://en.asaninst.org/contents/south-koreans-and-their-neighbors-2019/.

9　Oh-sung Lee, "Who is the Core Group that Hates Everything about China?" *Sisain News*, June 17, 2021, https://www.sisain.co.kr/news/articleView.html?idxno=44821.

10　Wang Qi and Zhang Changyue, "S. Korea Warned Over Fraying China Ties, Losing Diplomatic Independence in Bloc's Asia Push before NATO Summit," *Global Times*, June 28, 2022, https://www.globaltimes.cn/page/202206/1269186.shtml.

盟；四、參與美國所主導的多邊協商機制，包括但不限於韓國參與北約、四方安全對話（QUAD）、印太經濟架構和晶片四方聯盟（Chip 4）。因此，本文研究將聚焦於 4 個相關問題：中國將如何因應韓國的戰略選擇？為什麼中國在是否對韓國採取明確報復措施的問題上，態度比薩德系統爭議更加謹慎？韓國哪些戰略選擇可能導致中國的明確報復？韓國在作出戰略選擇前應考量哪些與中國相關因素？為回答以上問題，本文首先討論尹錫悅政府時期中國對韓國戰略選擇的反應，接著討論可能阻礙中國對韓國進行報復的因素，最後則是評估韓國在考量中國可能的反應後所作出的戰略選擇。

貳、中國對尹錫悅政府戰略選擇的反應

尹錫悅總統上任之初便迅速拉近了韓國與美國主導的兩項倡議，即印太經濟架構和北約之間的距離，部分證實了中國專家在其當選之前的疑慮。以下將討論中方對尹錫悅當選前政策的看法，而這些看法則涉及了韓國加入印太經濟架構和加強與北約關係兩個案例。

一、中國在尹錫悅總統就職前的看法和疑慮

早在 2022 年 3 月韓國總統大選之前，中國學者就曾關切韓國對中國的政策所可能發生的變化。在美中戰略競賽趨於深化的關鍵時刻，新總統將肩負起在美中之間作出戰略選擇的最終責任和權力。在 3 月大選之前，時任總統候選人的尹錫悅及其外交與安全團隊的主要

成員，便於 1 月 24 日明確表示了保守派政府的外交政策意圖，[11] 隨後
又於 2 月 8 日在《外交事務》上發表了標題為〈韓國必須加快腳步〉
（South Korea Needs to Step Up）的文章。[12] 尹錫悅批評了文在寅政府
的外交政策，並承諾進行重大改革，其文章重點在於「重建韓美同
盟，加強全面戰略同盟」、「因應北韓核導彈威脅建立強而有力的應
變體系」、「在相互尊重的基礎上落實韓中關係」。而這篇文章很可
能就此加深了中國的疑慮。

　　尹錫悅在總統大選中獲勝，迫使中國專家急需從尹錫悅總統及其
主要外交和安全顧問的承諾和言論中分析並尋找答案，目的在於衡量
韓美同盟的強化程度以及調整對中國政策的方向和廣度。在這方面，
以下兩位學者的分析值得關切，上海社會科學院亞太研究所前所長
劉鳴說明了中國在尹錫悅總統就職前對其外交政策的初步認識，在
評論尹錫悅發表於《外交事務》上的文章時，則預測：「落實到具
體政策，還有待於其外交安全團隊的研究、評估利弊後才能夠形成方
案；但有一點是明確的，作為保守黨的尹錫悅，其對美國的戰略傾向
性與對外政策奉行現實主義硬派手段是勿容置疑的。」他認為跟前任

---

[11] "The 20th Presidential Election: Presidential Candidate Yoon Suk-yeol's Major Pledge on Foreign and Security Policy (2022)," *People's Power Party Presidential Candidate Grand Integration Network*, https://blog.naver.com/ryl4972/222643046817.

[12] Yoon Suk-yeol, "South Korea Needs to Step Up," *Foreign Affairs*, February 8, 2022, https://www.foreignaffairs.com/articles/south-korea/2022-02-08/south-korea-needs-step.

總統相比，尹錫悅總統將相對「順從」美國，並在對中國的戰略競爭中作出有利於美國的明確選擇。然而，對於此項「量」的變化，他卻又表示更多的不確定性，他認為：「至於他（尹錫悅總統）能夠走多遠，則取決於他與其外交顧問對國際力量對比與大勢發展的判斷與智慧。」同時也認為韓國「很難選擇類似日本徹底的聯美制華戰略道路」，並主張尹錫悅政府應考量「與華合作的經濟利益及應對朝鮮半島緊張局勢的控制力，加之其能從與美新戰略合作中得到何種實質性回報與可能付出的代價」等因素，因為「這一切都是決定尹政府未來對外政策的重要影響因素」。最後他總結：「尹錫悅當選韓國新總統也將給當今愈來愈動盪的中美俄戰略與經濟競爭所導致的，愈來愈嚴峻的國際環境增添新的不確定變數。」[13]

其次，中國現代國際關係研究院東北亞研究所研究員陳向陽曾撰寫題為《尹錫悅的執政之路》的報告，對尹錫悅的勝選提出了另一種初步評估，認為「堅持對朝強硬」政策和「強化親美外交」將會是尹錫悅政府的主要外交和安全特色。他引用韓國教授金興奎的話，指出尹錫悅將從文在寅政府的「安美經中」政策（安全靠美國，經濟靠中國）轉向「對美一邊倒」政策，並認為尹錫悅政府將「強調韓美同盟的軸心作用，積極推進美日韓三邊安全合作，並確保得到中國的尊重」；不過，陳向陽並非完全悲觀，他以尹錫悅當選總統後回應習近

---

13 劉鳴，〈站隊中美戰略競爭：韓國新總統的空間有多大？〉，《上海環太國際戰略研究中心》，2022 年 3 月 18 日，https://www.rimpac-shanghai.cn/articles/172。

平賀電所稱「相信韓中關係會繼續得到發展」爲例，將它解讀爲「暗含抬升對中國博弈籌碼的考慮」，並預測在韓國國內權力基礎薄弱、內外條件緊張的情形下，尹錫悅政府很可能面臨嚴峻挑戰，尤其南北關係很有可能會趨向緊張局面，據此他還提出韓國陷入四面楚歌的可能性，倘若中韓關係再次惡化，韓國將無法利用中韓關係來平衡美國，致使韓國在與美日韓三邊關係中成爲弱勢一方。陳向陽認爲，正是中韓關係的消極轉向，使得韓國在「慰安婦」問題上與日本的談判中處於不利地位，繼而被迫接受由美國進行斡旋的協議。[14]

劉鳴和陳向陽都分析，尹錫悅政府會在戰略上向美國靠攏，但也都預測這不會導致韓中關係徹底惡化。至於原因，劉鳴認爲是韓國與中國合作所帶來的經濟利益，以及期待中國在維護韓半島穩定方面扮演重要角色。陳向陽則預測，由於韓國國內政治經濟情勢惡化、韓半島緊張局勢加劇，以及韓國在三邊安全合作中失去談判能力的風險，尹錫悅政府將無法推行以韓美同盟爲主的外交政策。因此在尹錫悅就任前，中國學者高度關切韓國對中國外交政策的轉變，但是多數預測韓國不可能完全選擇傾向美國。

二、中國對於韓國參與印太經濟架構的反應

在尹錫悅就任總統一職之後，韓國方面即密切注意中國對其外交政策調整的反應。在其選舉結束後不久，韓美兩國於 2022 年 5 月 21

---

14 陳向陽，〈尹錫悅的執政之路〉，《中國現代國際關係研究院》，2022 年 6 月 22 日，https://brgg.fudan.edu.cn/demo/articleinfo_4740.html。

日發表聯合聲明，強調將加強韓美同盟關係，[15] 韓國同時正式公開其加入印太經濟架構的意願，顯然是配合美國進行戰略調整。在文在寅執政時期，儘管拜登政府積極施壓，韓國政府仍未曾明確表示有意加入印太經濟架構。這是尹錫悅政府首次調整外交政策，而中國對這項調整表示了直接和間接的反對。因此，在 5 月 24 日尹錫悅總統出席印太經濟架構啓動高峰會後，韓國國內便開始擔心中國可能會像在薩德系統爭議期間一般，對韓國進行經濟報復。

　　就在韓國正式表態願意加入印太經濟架構之際，中國表達了委婉但明顯的反對意見。2022 年 5 月 16 日，韓中兩國外交部長舉行了視訊會議，此乃中方試圖勸阻尹錫悅政府加入印太經濟架構的最佳例證。在韓美高峰會的 5 天前，中國外長王毅向韓國外長朴振提出兩國應「加強互利合作」，強調「要從各自利益和共同利益出發，反對脫鉤及斷鏈等負面傾向，並維護全球產業鏈和供應鏈的穩定順暢」。[16] 中國媒體《環球時報》將王毅的評論解讀成「意在牽制韓美加深包括 IPEF 在內的經濟安全合作」，並預測「中方的強烈反對可能成爲新政府的負擔，並成爲尹錫悅的第一個外交試驗場」。[17] 如此一來，中

---

[15] "United States-Republic of Korea Leaders' Joint Statement," *The White House*, May 21, 2022, https://www.whitehouse.gov/briefing-room/statements-releases/2022/05/21/united-states-republic-of-korea-leaders-joint-statement/.

[16] "Wang Yi Holds Virtual Meeting with ROK's New Foreign Minister Park Jin," *Ministry of Foreign Affairs of the People's Republic of China*, May 22, 2022, https://www.fmprc.gov.cn/mfa_eng/wjb_663304/wjbz_663308/activities_663312/202205/t20220517_10687073.html.

[17] 〈韓國決定加入印太經濟框架，韓媒：尹錫悅的第一個外交試驗場〉，《環球

國政府在沒有明確提到印太經濟架構一詞的情況下，表達了其反對韓國加入印太經濟架構的態度。

在韓國宣布加入印太經濟架構之後，中國外交部發言人首次發出了官方回應，其首先反問：「美國是否將經濟問題政治化、武器化、意識形態化，以經濟手段強制區域國家在中美之間選邊站？美國應給區域國家一個明確的答案。」但在接著具體評論韓國時，語氣則明顯緩和：「中韓兩國既是，也將持續是近鄰，更是不可分割的合作夥伴，……中韓關係正處於關鍵時期，我們願同韓方一道，以兩國建交30週年為契機，深化貿易投資合作，拓展新領域合作，推動區域合作，共同支持貿易自由化和經濟全球化。」[18]

針對美國和韓國的言論形成鮮明對比。中國政府在印太經濟架構議題上聚焦批評美國，但針對韓國方面卻趨向溫和，甚至避免直接提及韓國加入印太經濟架構一事，只是強調加強雙方經貿合作的重要性。該項聲明似乎傳達出中國政府無意針對「當前」問題對韓國採取報復，因為雙方關係正處於「關鍵階段」，但仍選擇發出警告，假使韓國選擇加入印太經濟架構，將可能會影響韓中關係未來發展。中方發言人在 5 月 25 日記者會上繼續作出類似回應，對於美國「排除某

時報》，2022 年 5 月 19 日，https://baijiahao.baidu.com/s?id=173320706539309
3154&wfr=spider&for=pc。

[18] "Foreign Ministry Spokesperson Wang Wenbin's Regular Press Conference on May 23, 2022," *Ministry of Foreign Affairs of the People's Republic of China*, https://www.fmprc.gov.cn/mfa_eng/xwfw_665399/s2510_665401/2511_665403/202205/t20220523_10691505.html.

些國家、建立美國所主導的貿易規則、重組產業鏈體系、使區域國家與中國經濟脫鉤」的意圖表示疑慮。

　　爲什麼中國政府在韓國表態加入印太經濟架構之前表示反對，在韓國正式加入之後卻又不對其進行批評呢？首先，中國可能不認爲印太經濟架構是一個需要果斷反應的急迫問題。中方發言人指出，印太經濟架構缺乏關稅豁免和市場進入方面的規劃，因此反問：「這對參與國家來說，能有什麼好處？」[19] 進言之，中國或許不認爲印太經濟架構能成功「強制區域國家選邊站」，儘管這也是中國最初對它的批評之一。於此同時，中國經濟學家同樣對印太經濟架構有效性及其未來發展潛力提出了強烈質疑，例如在 2022 年 6 月 16 日至 18 日舉行的一場經濟學家高峰會上，有些學者便表示「印太經濟框架意在遏制中國，內容較爲空洞，對東盟的實際支持力度很有限」，何況「美國歷屆政府時常提出類似概念，往往不了了之，未來在亞太區域眞正占據主導地位者仍將是 RCEP（區域全面經濟夥伴協定）」，中國社會科學院張宇燕更直接指出：「印太經濟框架是一個行政協議，理論上下一屆美國政府可能馬上就把它廢掉了。」[20]

　　中國經濟學家之所以如此分析，可能是預見到印太經濟架構的失敗，並認定它未對中國構成眞正威脅，其因在於該協議尚須經過成員

---

[19] Ibid.

[20] 〈經濟學家談印太經濟框架：下屆美國政府可能馬上把它廢掉〉，《北京日報》，2022 年 6 月 17 日，https://baijiahao.baidu.com/s?id=1735886972449228660&wfr=spider&for=pc。

國批准，且支持率偏低的拜登政府亦未必能獲得國會支持，因此白宮勢必迴避諸如公平貿易與美國市場准入等敏感問題。[21] 正因印太經濟架構在這一支柱方面缺乏進展，使得其他成員對美國保證印太經濟架構的持久力產生了懷疑，尤其 2024 年美國總統大選在即，倘若川普再度上任，很可能廢除印太經濟架構，這使得中國經濟學家意識到，不能排除下屆美國政府放棄拜登政策的可能性，因此，基於印太經濟架構能否形成反中力量尚不確定，中國此刻無意升級與韓國的摩擦。

用以解釋中方沒有批評韓國或採取實際措施的另一種說法，可能是東協之中有 7 個國家與韓國一起參加了印太經濟架構；隨著美中戰略競爭加劇，中國發現自己不得不從戰略和經濟面向維持並強化與東協國家的關係，倘若中國因韓國加入印太經濟架構便對其採取行動，自然將引起東協國家對自身面對類似挑戰的疑慮，從而可能讓中國陷入外交孤立窘境。再加上中國的「清零政策」（zero-COVID policy），尤其是全面封鎖上海，對 2022 年的中國經濟造成了巨大的負面影響，[22] 中國很可能沒有能力再承受向韓國經濟採取報復措施的負面影響。

三、中國對尹錫悅總統出席北約高峰會的反應

同樣明顯的是，中國在北約相關議題上也避免批評韓國。早在俄

---

21 Erin L. Murphy, "IPEF: Three Pillars Succeed, One Falters," *CSIS*, November 21, 2023, https://www.csis.org/analysis/ipef-three-pillars-succeed-one-falters.

22 DaGong, et al., "Economic Impacts of China's Zero-COVID Policies," *SSRN Scholarly Paper 4422902 (2023)*, https://doi.org/10.2139/ssrn.4422902.

國入侵烏克蘭之前，中國便不斷批評北約的「冷戰思維」，並認爲美國試圖在東亞複製北約架構，儘管如此，中國批評韓國和日本的方式有著明顯不同，例如被問及尹錫悅總統出席北約高峰會一事時，中國外交部發言人只是間接且委婉表達了中方的關切：「我們一貫的主張是，國家間關係的發展應有利於世界和平與穩定，不應是針對或損害任何第三人的利益。亞太區域超出了北大西洋的地理範圍。亞太國家和人民堅決反對任何把軍事集團擴大到該區域，或是挑起分裂及對抗的言行。」[23] 相對地，中國外交部發言人幾天後卻直接批評日本首相岸田文雄有關「歐洲及印太防務不可分割」，以及「烏克蘭的今天可能就是東亞的明天」等言論，並指責日本「爲其軍事集結辯解」，敦促日本應「認眞反省軍國主義侵略歷史，從中吸取教訓，而不是到處挑起事端、煽風點火」，同時稱日本似乎有意「成爲北約進軍亞太的先鋒」。[24]

在 2023 年之前，中國官員都沒有就韓國與北約之關係發表評論，直到同年 8 月韓美日大衛營高峰會之後，才以「鐘聲」爲名在《人民日報》發表評論，稱此次高峰會是美國在亞太地區組建「小型北

---

[23] "Foreign Ministry Spokesperson Wang Wenbin's Regular Press Conference on June 23, 2022," *Ministry of Foreign Affairs of the People's Republic of China*, https://www.fmprc.gov.cn/eng/xwfw_665399/s2510_665401/2511_665403/202206/t20220623_10708848.html.

[24] "Foreign Ministry Spokesperson Zhao Lijian's Regular Press Conference on July 1, 2022," *Ministry of Foreign Affairs of the People's Republic of China*, https://www.fmprc.gov.cn/mfa_eng/xwfw_665399/s2510_665401/2511_665403/202207/t20220701_10714068.html.

約」的企圖，但該篇評論的主要批評對象是美國，即使提到韓國也迴避不予以批評，而是指出美國有可能「使韓國捲入不必要的爭端」。

參、阻礙中國對韓國採取報復措施的因素

跟薩德系統爭議期間中國對韓國所實施的經濟報復相比，有幾個因素可以解釋中國即便不滿韓國的戰略選擇，也不得不避免對其實施經濟報復的原因，包括中國國內經濟狀況、外交情勢，以及經濟報復可能適得其反之潛在意識，都可能阻礙中國對韓國採取經濟報復措施。

一、中國國內經濟情勢

中國政府與決策者的注意力可能更集中在國內事務上，尤其是必須解決「清零政策」留下之經濟和社會副作用。在 2022 年全國人大會議期間的政府工作報告中，中國將經濟成長目標設定爲 5.5%，這是自 1991 年以來最低點，而最終實質成長率僅 3%，甚至未能實現這項目標。[25] 由於內需疲軟、債務高築與房地產市場下滑等問題，中國重啓經濟存在重大結構性障礙。2022 年的緩慢成長更迫使中國政府「加大宏觀經濟政策的調整力度，採取更加有力的措施，完成全年

---

[25] Kevin Yao and Ellen Zhang, "China's 2022 Economic Growth One of the Worst on Record, Post-Pandemic Policy Faces Test," *Reuters*, January 17, 2023, https://www.reuters.com/world/china/chinas-economy-slows-sharply-q4-2022-growth-one-worst-record-2023-01-17/.

經濟社會發展的目標」。[26] 這種情況讓中國在對他國採取經濟報復的問題上抱持比過去更加謹慎的態度，原因是擔憂導致海外投資者信心不足，從而對中國經濟造成另一嚴峻挑戰。[27]

　　過去中國遭遇經濟困難時，為了刺激經濟所採取之政策措施，例如擴大國家投資以及鼓勵民營企業投資等，這類刺激措施近期難以發揮其作用。首先，中國的國家主導投資能力受到普遍質疑，儘管此被視為是中國經濟成長的主要引擎。由於中國地方政府長期債務過高，加上實施清零政策，導致許多地方政府為了落實 COVID-19 檢疫和 PCR 檢測，負擔了超出預期的費用，[28] 因此當中國在2022年開始振興經濟時，地方政府已無法進行大規模投資，且因為地方政府預算也由中央政府負責，導致中央政府的投資規模也受到限制。

　　隨著實現經濟成長目標變得愈來愈困難，中國政府在 2021 年下半年將壓力轉向民營企業，鼓勵他們增加投資，然而問題是，許多民營企業都受到嚴屬政策帶來的衝擊，未必存在大規模投資的空間與能力；一個代表性例子是，居於中國英語學習市場領先地位的新東方教

---

[26] "President Xi Jinping Delivered a Keynote Speech at the Opening Ceremony of the BRICS Business Forum (2022)," *Ministry of Foreign Affairs of the People's Republic of China*, https://www.fmprc.gov.cn/eng/zxxx_662805/202206/t20220622_10708010.html.

[27] Karen M. Sutter and Michael D. Sutherland, "China's Economy: Current Trends and Issues," *CRS Reports*, July 9, 2024, https://crsreports.congress.gov/product/pdf/IF/IF11667.

[28] Laura He, "One Chinese Province Spent $22 Billion on Eliminating Covid before Policy U-turn," *CNN*, January 16, 2023, https://www.cnn.com/2023/01/16/economy/china-local-governments-reveal-covid-spending-intl-hnk-intl-hnk/index.html.

育科技集團，在全國範圍內禁止民辦教育後，便退出教育業務，轉而從事農業，惟單單 2021 年下半年，新東方集團虧損就高達 59 億元，裁員多達 6 萬人。進言之，中國要實現經濟成長，還有其他外部與內部挑戰，首先是必須維持對實現經濟成長目標的信心，因為這會證明，儘管與美國戰略競賽不斷加劇，中國經濟仍然維持穩健發展，而拜登總統在 2022 年 1 月 27 日聲稱「（美國）經濟成長 20 年來首次超過中國」，[29] 這對中國來說無疑是個挑釁性的聲明。至於重要內部因素是，2023 年 6 月將有 1,152 萬名大學生畢業，需要 5.5% 左右的成長率來為他們創造新的就業機會；中國決策者充分意識到維持經濟穩定成長及有效管理就業率的重要性，以免對社會穩定造成負面影響，因此現階段不能輕易採取任何可能損害經濟成長的外交措施。

二、外交優先事項

隨著美中關係惡化，中國外交重點是如何應對美國，以及處理長期戰略競賽的關係。俄烏戰爭的爆發也對中國造成了戰略和外交方面的挑戰，中國需要維護與歐洲國家的關係，並在投入更多資源和精力以回應俄國需求的同時，避免陷入對俄國制裁的泥淖。在俄國入侵烏克蘭之前，中國曾經強調「中俄戰略合作無上限」，但面臨俄國要求提供更多支持時，中國似乎難以滿足其要求。[30] 中國在外交方面必

---

[29] "President Biden Statement on First Year GDP Growth," *The White House*, January 27, 2022, https://www.whitehouse.gov/briefing-room/statements-releases/2022/01/27/president-biden-statement-on-first-year-gdp-growth/.

[30] Cate Cadell and Ellen Nakashima, "Beijing Chafes at Moscow's Requests for

須同時關注俄烏戰爭引發的問題，以及與美國的戰略競賽。此外，美中兩國在台灣問題上的競賽也不斷加劇，而台灣問題是中國的核心利益，因此中國在外交方面完全聚焦在韓國相關議題上的能力相對有限。

三、對他國採取經濟報復措施的反作用

中國愈來愈意識到，經濟報復可能導致適得其反的結果，甚至加速與潛在經濟夥伴的脫鉤，例如當澳洲堅持要求中國調查 COVID-19 來源時，中國的回應是對澳洲出口產品實施嚴厲制裁，金額估計達 190 億美元。[31] 不到 1 年後，澳洲便與美國和英國宣布了《三方協議》（*AUKUS Pact*），該協議將為澳洲提供先進的巡弋飛彈能力，以及頗具爭議的核動力潛艇，使其成為首位擁有此類軍事能力的非核武國家。雖然中國的制裁不一定是莫里森（Scott Morrison）政府決定執行該協議的唯一原因，卻創造了一個有利的政治環境，使其獲得國內兩黨的政治支持。同樣地，中國對立陶宛出口產品的制裁也沒有阻止其尋求與台灣建立更密切的關係，包括在 2022 年下半年在台灣開設貿易辦事處。

與前述個案相當類似的是，中國因為 2016 年韓國同意在其領土

Support, Chinese Officials Say," *Washington Post*, June 2, 2022, https://www.washingtonpost.com/national-security/2022/06/02/china-support-russia-ukraine/.

[31] Daniel Hurst, "How Much is China's Trade War Really Costing Australia?" *The Guardian*, October 28, 2020, https://www.theguardian.com/australia-news/2020/oct/28/how-much-is-chinas-trade-war-really-costing-australia.

上的美軍基地內部署薩德系統，而對韓國進行經濟報復，這不僅並未扭轉首爾的決定，還立刻使韓國大眾對中國的看法產生了長期的負面影響。可以說是尹錫悅政府基於這種韓國社會的輿論環境下，獲得了加強韓美同盟所需要的國內政治上的支持。

肆、中國可能採取明確報復措施的問題

如上所述，中國對韓國戰略選擇的官方回應還是保持友好關係，因為中國受到條件限制，難以對韓國採取清楚明確的報復措施。不過，這並不代表中國會毫無條件接受其他國家的戰略選擇，以下將解釋很有可能會招致中國的明確報復行為的他國戰略選擇或政策。

一、核心利益

有幾件事情是中國堅決認定的內政問題，尤其是直接關係到國家主權和領土完整者，例如台灣、香港、新疆等。針對美國總統拜登似乎有意改變美國對台戰略模糊政策的言論，習近平在 2021 年 11 月和 2022 年 3 月兩次視訊會議上親自強調了中國在台灣問題上的不妥協立場。[32] 中國媒體也將解放軍（PLA）在台灣海峽採取軍事行動的目

---

[32] "President Xi Jinping Has a Video Call with US President Joe Biden," *Ministry of Foreign Affairs of the People's Republic of China*, March 19, 2022, https://www.fmprc.gov.cn/mfa_eng/zxxx_662805/202203/t20220319_10653207.html; "President Xi Jinping Had a Virtual Meeting with US President Joe Biden," *Ministry of Foreign Affairs of the People's Republic of China*, November 16, 2021, https://www.fmprc.gov.cn/mfa_eng/zxxx_662805/202111/t20211116_10448843.html.

的，解讀成對美國有意緩慢改變對台政策的回應。自 2020 年以來，解放軍在台灣周邊的軍事活動大幅增加，分析人士認為這不僅是對美國的警告，也是對廣大國際社會，尤其是警告區域國家不要捲入台灣問題。[33]

　　日本便是因為針對台灣問題立場而受到中國批評的區域國家之一。在前首相安倍晉三發表有關對台灣的言論後，中國外交部急召日本大使以示抗議。在 2022 年 3 月記者招待會上，中國外長王毅斥責日本並敦促其為改善雙邊關係作出更大努力，[34] 解放軍更聯合俄國，在同年 5 月拜登總統出訪日本時共同在日本附近海域舉行軍事演習。[35] 如上所述，中國對日本的直接批評和軍事實力展示很可能是出於日本與美國更緊密的合作關係，特別是針對他們在台灣問題上的立場。

　　當中國認為非區域國家侵犯其核心利益時，此些國家也會遭到報復。例如 2021 年 3 月，美國、加拿大和歐盟因新疆人權問題決定制

---

[33] Amanda Hsiao, "China's Military Activities Near Taiwan Aim to Impress at Home and Abroad," *International Crisis Group*, October 8, 2021, https://www.crisisgroup.org/asia/north-east-asia/china/chinas-military-activities-near-taiwan-aim-impress-home-and-abroad.

[34] 〈2022 年全國兩會王毅答中外記者問（全文）〉，《閩南網》，2022 年 3 月 8 日，http://www.mnw.cn/news/china/2597348.html。

[35] Erin Doherty, "Russia and China Hold Military Exercise Near Japan during Biden Visit," *Axios*, May 24, 2022, https://www.axios.com/2022/05/24/russia-china-military-exercise-biden-japan.

裁中國官員，[36] 中方決定迅速跟進對歐洲的個人和實體採取針對性制裁。[37] 以致歐洲議會決定在中國解除制裁前拒絕批准《中國和歐盟全面投資協定》（*Comprehensive Agreement on Investment between China and the EU*）。如前所述，立陶宛也在對台灣作出外交姿態後遭到中國嚴厲制裁。可以肯定的是，倘若韓國政府改變建交以來奉行尊重「一個中國政策」的方針，勢將導致北京採取報復措施。

二、民族自尊心與最高領導人的面子

民族自尊心和最高領導人的面子也是中國決定報復其他國家的重要考慮因素。當中國通訊巨擘華為的財務長孟晚舟因涉嫌違反美國對伊朗制裁而在加拿大被捕時，她被關押一事便被中國視為是民族羞辱。隨著美中關係惡化，孟晚舟宛如成為華人民族自豪感的象徵，[38] 習近平也很關注該問題的解決。[39] 此外，習近平曾直接公開向韓國總

---

[36] "EU Agrees First Sanctions on China in More Than 30 Years," *Euronews*, March 22, 2021, https://www.euronews.com/my-europe/2021/03/22/eu-foreign-ministers-to-discuss-sanctions-on-china-and-myanmar.

[37] "Foreign Ministry Spokesperson Announces Sanctions on Relevant EU Entities and Personnel," *Ministry of Foreign Affairs of the People's Republic of China*, March 22, 2021, https://www.fmprc.gov.cn/mfa_eng/xwfw_665399/s2510_665401/2535_665405/202103/t20210322_9170814.html.

[38] Jiayang Fan, "How China Views the Arrest of Huawei's Meng Wanzhou," *The New Yorker*, December 17, 2018, https://www.newyorker.com/news/daily-comment/how-china-views-the-arrest-of-huaweis-meng-wanzhou.

[39] "China Says Xi Personally Gave Orders on Handling of Huawei Case," *Bloomberg*, September 27, 2021, https://www.bloomberg.com/news/articles/2021-09-27/china-says-xi-gave-personal-orders-on-handling-of-huawei-case.

統朴槿惠提出薩德系統問題，並表示強烈反對韓國在其領土上部署薩德系統的態度。

　　到目前為止，尹錫悅政府似乎對中國的民族自豪感很敏感，雖然他曾經公開表示打算向美國採購更多薩德系統，並在韓國軍隊指導下進行部署，惟該議題自他上任之後卻在政策重點中明顯缺席。[40] 尹錫悅政府的外交政策議程中為何未納入薩德系統的確切原因尚不得而知，很可能是綜合考慮各方面因素後的結果。雖然尹錫悅總統強調增設薩德系統是韓國無法妥協的主權問題，但並沒有明確表示需要立即進行。

三、加入反中多邊組織及小多邊機制

　　如前所述，中國尚未對韓國可能加入印太經濟架構作出決定或採取行動，然而，關於中國反對韓國加入該項多邊組織的原因，可能是因為若依美國初衷，印太經濟架構將大大增加中國與世界經濟脫鉤的風險，至於中國可能反對韓國加入的其他多邊組織包括：四方安全對話、印太經濟架構、北約、五眼聯盟（Five Eyes）或建立韓美日區域聯盟等。不過，中國對於前述韓國已經加入或有可能加入的多邊組織之反應，大體還是口頭上的反對，原因之一便是部分組織仍處於建立階段，尚未對中國產生重大戰略影響。由於涉及的國家數量眾多，參

---

[40] "Yoon Suk-yeol Government's Vision, Goals and Top 110 National Agendas," *Republic of Korea Policy Briefing*, May 3, 2022, https://www.korea.kr/multi/visualNewsView.do?newsId=148901283.

與程度不一，中國立即採取報復措施是不利的。但是，若這些集團在未來開始對中國產生眞正的負面影響，中國很可能就會對參與國家作出相對的回應。

相較美國正努力塑造的其他小多邊機制，中國可能更關切韓美日三方安全合作機制的建立，眾所周知，這本來就是美國長期努力的方向，在 2023 年 8 月三國領導人在大衛營會面並達成《大衛營精神》（*Spirit of Camp David*）、《大衛營原則》（*Camp David Principles*）及《三方協商承諾》（*Commitment to Consult*）等 3 份文件後，美國將這些協議譽爲「外交夢想成眞」，[41] 至於中國官方對此的第一反應，則是委婉批評它「企圖把各種排外集團拼湊在一起，把集團對抗和軍事集團帶入亞太是不會得到支持的，只會引起區域國家的反感及警戒心」。[42] 筆者認爲，中國之所以會作出這種有限回應，主要因爲韓美日三方安全合作尚未發展成足以針對中國的區域聯盟。而尹錫悅政府之所以如此迅速地主動改善韓日關係，同意三方安全合作，則是爲了確保韓國的生存安全不受北韓核威脅；因此，從韓國的核心國家利益出發，韓美日三方安全合作的重點應放在因應北韓核武威脅上。

---

[41] S. Choe, "Why Washington is Welcoming the Détente between Seoul and Tokyo," *The New York Times*, August 18, 2023, https://www.nytimes.com/live/2023/08/18/us/biden-news-camp-david#why-washington-is-welcoming-the-detente-between-seoul-and-tokyo.

[42] "Foreign Ministry Spokesperson Wang Wenbin's Regular Press Conference on August 18, 2023," *Ministry of Foreign Affairs of the People's Republic of China*, https://www.fmprc.gov.cn/eng/xwfw_665399/s2510_665401/2511_665403/202308/t20230818_11128863.html.

伍、結論：對尹錫悅政府的建議

一、確立國家核心利益和原則

　　韓國必須確立其國家核心利益，最好將國家核心利益依其重要性順序進行劃分。一旦確定國家核心利益，無論中國可能採取何種報復行動，韓國都需要堅定不移地堅持這些利益，包括確保韓國的生存與安全，徹底解決來自北韓的安全威脅，以及保障韓國的未來永續發展。

二、闡明主權在安全政策優先事項中的角色

　　從韓國角度來看，尹錫悅政府（與文在寅政府相比）之所以尋求與美國進行更緊密的安全合作，主要並非在美中競賽中進行戰略選擇，而是在北韓威脅日益加劇的背景下，採取加強自身安全措施。在這方面，韓國軍隊參與 2022 年環太平洋演習、尹錫悅總統參加北約高峰會、韓美日大衛營高峰會，以及調整對北韓政策，都是出於對韓國主權的考量，與韓國的安全息息相關。因此，尹錫悅政府也需要向中國提出尊重韓國重要安全關切的要求。

三、闡明其發展利益

　　所謂「發展利益」，這個概念有利於全面界定主權、安全、領土競爭等概念難以涵蓋的國家利益。例如，韓國參與印太經濟架構和晶片四方聯盟之目的是促進經濟發展；韓國決定加入這些美國主導的多邊組織，其實與韓國決定加入中國主導或者已加入的多邊組織（例如

亞洲基礎設施投資銀行或區域全面經濟夥伴協定）並無不同。因此，韓國應像中國在《中華人民共和國國防法》中定義的「發展利益」一樣，將其發展利益定義爲國家核心利益。

四、順勢而爲，不要單打獨鬥

爲了減少中國對韓國戰略選擇採取報復措施的可能性，韓國有必要與區域內立場相似的其他國家保持一致立場，而非獨自行動或發表意見。韓國與東協7個國家共同參與印太經濟架構，或是決定與其他印太區域北約夥伴國（日本、澳洲和紐西蘭）等國家共同參與北約高峰會，就是奉行該做法的良好示範之一。

五、區分官方觀點和非官方觀點

中國《環球時報》雖對於韓國加入印太經濟架構、出席北約高峰會及參與北約卓越聯合網路防禦中心等提出質疑，但不必對中國媒體或專家批評賦予過多意義。雖然《環球時報》隸屬於《人民日報》，但不一定代表中國官方觀點，其專欄或中國學者主張都是個人觀點，既未必是官方認可的看法，也不等同於中國政府在特定問題上的正式立場。瞭解這些觀點固然重要，但不能因此而扭曲對中國政府立場的評估與判斷，重點應該放在中國官方發言以及透過政府間交流傳遞的訊息。因此，韓國決策者必須在此基礎上，作出哪些戰略選擇可能會招致中國明確報復的判斷。

隨著尹錫悅總統開始作出政策選擇並追求戰略清晰（Strategic Clarity），他應該清楚瞭解中國的紅線，爲韓中關係設定明確條件，

並尋求與其他區域國家的協商合作，避免因爲誤解中國意圖而成爲威脅犧牲品等，才能帶領韓國渡過大國競賽下的種種不確定性。尹錫悅總統亦有責任證明，與中國建立相互尊重的關係及與美國建立牢固同盟關係是一種相輔相成，而非相互排斥的政策選擇。

國家圖書館出版品預行編目資料

中國新戰略：台日韓三方比較新視野／韓
碩熙，蔡東杰，青山瑠妙主編. -- 初
版. -- 臺北市：五南圖書出版股份有
限公司，2024.10
面；　公分
ISBN 978-626-393-824-3（平裝）

1.CST: 中國外交　2.CST: 國際關係

574.18　　　　　　　　　113014603

1PSL

中國新戰略：
台日韓三方比較新視野

主　　　編 — 韓碩熙、蔡東杰(367.2)、青山瑠妙

作　　　者 — 王元綱、鄭顯旭、劉泰廷、盧信吉、
　　　　　　　唐欣偉、飯嶋佑美、表娜俐、魏百谷、
　　　　　　　瀨田真、崔進揆、金東燦（按撰寫章節

企劃主編 — 劉靜芬

責任編輯 — 呂伊真

文字校對 — 徐鈺涵

封面設計 — 封怡彤

出 版 者 — 五南圖書出版股份有限公司

發 行 人 — 楊榮川

總 經 理 — 楊士清

總 編 輯 — 楊秀麗

地　　　址：106臺北市大安區和平東路二段339號4

電　　　話：(02)2705-5066

網　　　址：https://www.wunan.com.tw

電子郵件：wunan@wunan.com.tw

劃撥帳號：01068953

戶　　　名：五南圖書出版股份有限公司

法律顧問　林勝安律師

出版日期　2024年10月初版一刷

定　　　價　新臺幣400元

經典永恆・名著常在

五十週年的獻禮——經典名著文庫

五南，五十年了，半個世紀，人生旅程的一大半，走過來了。

思索著，邁向百年的未來歷程，能為知識界、文化學術界作些什麼？

在速食文化的生態下，有什麼值得讓人雋永品味的？

歷代經典・當今名著，經過時間的洗禮，千錘百鍊，流傳至今，光芒耀人；

不僅使我們能領悟前人的智慧，同時也增深加廣我們思考的深度與視野。

我們決心投入巨資，有計畫的系統梳選，成立「經典名著文庫」，

希望收入古今中外思想性的、充滿睿智與獨見的經典、名著。

這是一項理想性的、永續性的巨大出版工程。

不在意讀者的眾寡，只考慮它的學術價值，力求完整展現先哲思想的軌跡；

為知識界開啟一片智慧之窗，營造一座百花綻放的世界文明公園，

任君遨遊、取菁吸蜜、嘉惠學子！